Drummen/Wudy

Gebührentabelle für Notare

Arbeitshilfen Notariat

Gebührentabelle für Notare

mit Gebühren- und Geschäftswert-ABC

8. Auflage 2013

Von
Rechtsanwalt und Fachanwalt für Familienrecht
Helmut Drummen, Aachen,
und
Wissenschaftlicher Leiter Prüfungsabteilung,
Ländernotarkasse A.d.ö.R.
Harald Wudy, Leipzig
unter der Mitarbeit von **Robert Ossig**,
Ländernotarkasse A.d.ö.R., Leipzig

DeutscherNotarVerlag

Hinweis:
Der Gebührentabelle liegt das 2. KostRMoG in Form der Verabschiedung des Bundestags vom 16.5.2013 zugrunde.
Bis zur Drucklegung des Titels lag keine Gesetzeskraft vor.

Copyright 2013 by Deutscher Notarverlag, Bonn
Satz: Griebsch + Rochol Druck GmbH, Hamm
Druck: Medienhaus Plump GmbH, Rheinbreitbach
Umschlaggestaltung: gentura, Holger Neumann, Bochum
ISBN 978-3-940645-58-6

Bibliografische Information der Deutschen Bibliothek
Die Deutsche Bibliothek verzeichnet diese Publikation in der Deutschen Nationalbibliografie; detaillierte bibliografische Daten sind im Internet über http://dnb.ddb.de abrufbar.

Inhaltsverzeichnis

A. **Gebührentabellen** 7
    I. Gebühren nach Tabelle B (§ 34 GNotKG) 7
    Harald Wudy
    II. Gebühren nach Tabelle A (§ 34 GNotKG) (nur auf der Homepage)
    Harald Wudy
    III. Ermäßigung der Gebühren nach § 91 GNotKG 17
    Harald Wudy
    IV. Gebühren des Gerichts für Eintragungen in das Handelsregister . . 27
    Helmut Drummen

B. **Gerichtskosten-ABC** 37
    Helmut Drummen

C. **Notarielle Fachprüfung** 41
    I. Gebührensatzung (NotFGebS) 41
    Harald Wudy
    II. Satzung über die Zahlung von Aufwandsentschädigungen und Auslagenersatz für die Mitglieder des Verwaltungsrates bei dem Prüfungsamt für die notarielle Fachprüfung bei der Bundesnotarkammer (NotFVES) 44
    Harald Wudy

D. **Erbschaft-/Schenkungsteuer** 45
    I. Steuerklassen und Freibeträge 45
    Helmut Drummen
    II. Steuersätze 46
    Helmut Drummen

E. **Sterbetafel 2009/2011** 47
    Helmut Drummen

F. **Anlage zu § 14 Abs. 1 BewG** 51
    Helmut Drummen

G. **Satzung über die Gebühren in Angelegenheiten des Zentralen Vorsorgeregisters (Vorsorgeregister-Gebührensatzung – VRegGebS)** 55
    Harald Wudy

H. **Übersicht über das Kostenprüfungsverfahren nach den §§ 127 ff. GNotKG** 59
    Harald Wudy

I. **Ausführliches Muster einer Kostenberechnung nach § 19 GNotKG** . 63
    Harald Wudy

J. **Gebühren- und Geschäftswert-ABC (Stand: 21.5.2013)** 65
    Harald Wudy

A. Gebührentabellen
I. Gebühren nach Tabelle B (§ 34 GNotKG)*

Hinweise:

1. Der Mindestbetrag einer Gebühr ist 15 Euro (§ 34 Abs. 5 GNotKG).

2. Der Höchstgeschäftswert beträgt, wenn die Tabelle B anzuwenden ist, höchstens 60 Millionen Euro, wenn kein niedrigerer Höchstwert bestimmt ist (§ 35 Abs. 2 GNotKG).

3. Die Gebührentabelle B gilt auch für die Verwahrungsgebühren Nr. 25300 und Nr. 25301 KV GNotKG, jedoch nur bis zu einem Wert von 13 Millionen Euro. Bei Werten von mehr als 13 Millionen Euro betragen die Verwahrungsgebühren 0,1 % des Werts. Der Höchstgeschäftswert von 60 Millionen Euro gilt nicht für die Verwahrungsgebühren (Vorbemerkung 2.5.3 Abs. 2 GNotKG).

---

* Die Gebührentabelle ist unter Mitarbeit von Robert Ossig entstanden.

Gebühren nach Tabelle B (§ 34 GNotKG)

Geschäftswert bis ...€	0,2	0,3	0,35	0,4	0,5	0,6	0,65	1,0	1,25	2,0
500	15,00	15,00	15,00	15,00	15,00	15,00	15,00	15,00	18,75	30,00
1.000	15,00	15,00	15,00	15,00	15,00	15,00	15,00	19,00	23,75	38,00
1.500	15,00	15,00	15,00	15,00	15,00	15,00	15,00	23,00	28,75	46,00
2.000	15,00	15,00	15,00	15,00	15,00	16,20	17,55	27,00	33,75	54,00
3.000	15,00	15,00	15,00	15,00	16,50	19,80	21,45	33,00	41,25	66,00
4.000	15,00	15,00	15,00	15,60	19,50	23,40	25,35	39,00	48,75	78,00
5.000	15,00	15,00	15,75	18,00	22,50	27,00	29,25	45,00	56,25	90,00
6.000	15,00	15,30	17,85	20,40	25,50	30,60	33,15	51,00	63,75	102,00
7.000	15,00	17,10	19,95	22,80	28,50	34,20	37,05	57,00	71,25	114,00
8.000	15,00	18,90	22,05	25,20	31,50	37,80	40,95	63,00	78,75	126,00
9.000	15,00	20,70	24,15	27,60	34,50	41,40	44,85	69,00	86,25	138,00
10.000	15,00	22,50	26,25	30,00	37,50	45,00	48,75	75,00	93,75	150,00
13.000	16,60	24,90	29,05	33,20	41,50	49,80	53,95	83,00	103,75	166,00
16.000	18,20	27,30	31,85	36,40	45,50	54,60	59,15	91,00	113,75	182,00
19.000	19,80	29,70	34,65	39,60	49,50	59,40	64,35	99,00	123,75	198,00
22.000	21,40	32,10	37,45	42,80	53,50	64,20	69,55	107,00	133,75	214,00
25.000	23,00	34,50	40,25	46,00	57,50	69,00	74,75	115,00	143,75	230,00
30.000	25,00	37,50	43,75	50,00	62,50	75,00	81,25	125,00	156,25	250,00
35.000	27,00	40,50	47,25	54,00	67,50	81,00	87,75	135,00	168,75	270,00
40.000	29,00	43,50	50,75	58,00	72,50	87,00	94,25	145,00	181,25	290,00
45.000	31,00	46,50	54,25	62,00	77,50	93,00	100,75	155,00	193,75	310,00
50.000	33,00	49,50	57,75	66,00	82,50	99,00	107,25	165,00	206,25	330,00
65.000	38,40	57,60	67,20	76,80	96,00	115,20	124,80	192,00	240,00	384,00
80.000	43,80	65,70	76,65	87,60	109,50	131,40	142,35	219,00	273,75	438,00
95.000	49,20	73,80	86,10	98,40	123,00	147,60	159,90	246,00	307,50	492,00
110.000	54,60	81,90	95,55	109,20	136,50	163,80	177,45	273,00	341,25	546,00
125.000	60,00	90,00	105,00	120,00	150,00	180,00	195,00	300,00	375,00	600,00
140.000	65,40	98,10	114,45	130,80	163,50	196,20	212,55	327,00	408,75	654,00
155.000	70,80	106,20	123,90	141,60	177,00	212,40	230,10	354,00	442,50	708,00
170.000	76,20	114,30	133,35	152,40	190,50	228,60	247,65	381,00	476,25	762,00

Gebühren nach Tabelle B (§ 34 GNotKG)

Geschäfts-wert bis ... €	0,2	0,3	0,35	0,4	0,5	0,6	0,65	1,0	1,25	2,0
185.000	81,60	122,40	142,80	163,20	204,00	244,80	265,20	408,00	510,00	816,00
200.000	87,00	130,50	152,25	174,00	217,50	261,00	282,75	435,00	543,75	870,00
230.000	97,00	145,50	169,75	194,00	242,50	291,00	315,25	485,00	606,25	970,00
260.000	107,00	160,50	187,25	214,00	267,50	321,00	347,75	535,00	668,75	1.070,00
290.000	117,00	175,50	204,75	234,00	292,50	351,00	380,25	585,00	731,25	1.170,00
320.000	127,00	190,50	222,25	254,00	317,50	381,00	412,75	635,00	793,75	1.270,00
350.000	137,00	205,50	239,75	274,00	342,50	411,00	445,25	685,00	856,25	1.370,00
380.000	147,00	220,50	257,25	294,00	367,50	441,00	477,75	735,00	918,75	1.470,00
410.000	157,00	235,50	274,75	314,00	392,50	471,00	510,25	785,00	981,25	1.570,00
440.000	167,00	250,50	292,25	334,00	417,50	501,00	542,75	835,00	1.043,75	1.670,00
470.000	177,00	265,50	309,75	354,00	442,50	531,00	575,25	885,00	1.106,25	1.770,00
500.000	187,00	280,50	327,25	374,00	467,50	561,00	607,75	935,00	1.168,75	1.870,00
550.000	203,00	304,50	355,25	406,00	507,50	609,00	659,75	1.015,00	1.268,75	2.030,00
600.000	219,00	328,50	383,25	438,00	547,50	657,00	711,75	1.095,00	1.368,75	2.190,00
650.000	235,00	352,50	411,25	470,00	587,50	705,00	763,75	1.175,00	1.468,75	2.350,00
700.000	251,00	376,50	439,25	502,00	627,50	753,00	815,75	1.255,00	1.568,75	2.510,00
750.000	267,00	400,50	467,25	534,00	667,50	801,00	867,75	1.335,00	1.668,75	2.670,00
800.000	283,00	424,50	495,25	566,00	707,50	849,00	919,75	1.415,00	1.768,75	2.830,00
850.000	299,00	448,50	523,25	598,00	747,50	897,00	971,75	1.495,00	1.868,75	2.990,00
900.000	315,00	472,50	551,25	630,00	787,50	945,00	1.023,75	1.575,00	1.968,75	3.150,00
950.000	331,00	496,50	579,25	662,00	827,50	993,00	1.075,75	1.655,00	2.068,75	3.310,00
1.000.000	347,00	520,50	607,25	694,00	867,50	1.041,00	1.127,75	1.735,00	2.168,75	3.470,00
1.050.000	363,00	544,50	635,25	726,00	907,50	1.089,00	1.179,75	1.815,00	2.268,75	3.630,00
1.100.000	379,00	568,50	663,25	758,00	947,50	1.137,00	1.231,75	1.895,00	2.368,75	3.790,00
1.150.000	395,00	592,50	691,25	790,00	987,50	1.185,00	1.283,75	1.975,00	2.468,75	3.950,00
1.200.000	411,00	616,50	719,25	822,00	1.027,50	1.233,00	1.335,75	2.055,00	2.568,75	4.110,00
1.250.000	427,00	640,50	747,25	854,00	1.067,50	1.281,00	1.387,75	2.135,00	2.668,75	4.270,00
1.300.000	443,00	664,50	775,25	886,00	1.107,50	1.329,00	1.439,75	2.215,00	2.768,75	4.430,00
1.350.000	459,00	688,50	803,25	918,00	1.147,50	1.377,00	1.491,75	2.295,00	2.868,75	4.590,00
1.400.000	475,00	712,50	831,25	950,00	1.187,50	1.425,00	1.543,75	2.375,00	2.968,75	4.750,00

Gebühren nach Tabelle B (§ 34 GNotKG)

Geschäfts-wert bis ...€	0,2	0,3	0,35	0,4	0,5	0,6	0,65	1,0	1,25	2,0
1.450.000	491,00	736,50	859,25	982,00	1.227,50	1.473,00	1.595,75	2.455,00	3.068,75	4.910,00
1.500.000	507,00	760,50	887,25	1.014,00	1.267,50	1.521,00	1.647,75	2.535,00	3.168,75	5.070,00
1.550.000	523,00	784,50	915,25	1.046,00	1.307,50	1.569,00	1.699,75	2.615,00	3.268,75	5.230,00
1.600.000	539,00	808,50	943,25	1.078,00	1.347,50	1.617,00	1.751,75	2.695,00	3.368,75	5.390,00
1.650.000	555,00	832,50	971,25	1.110,00	1.387,50	1.665,00	1.803,75	2.775,00	3.468,75	5.550,00
1.700.000	571,00	856,50	999,25	1.142,00	1.427,50	1.713,00	1.855,75	2.855,00	3.568,75	5.710,00
1.750.000	587,00	880,50	1.027,25	1.174,00	1.467,50	1.761,00	1.907,75	2.935,00	3.668,75	5.870,00
1.800.000	603,00	904,50	1.055,25	1.206,00	1.507,50	1.809,00	1.959,75	3.015,00	3.768,75	6.030,00
1.850.000	619,00	928,50	1.083,25	1.238,00	1.547,50	1.857,00	2.011,75	3.095,00	3.868,75	6.190,00
1.900.000	635,00	952,50	1.111,25	1.270,00	1.587,50	1.905,00	2.063,75	3.175,00	3.968,75	6.350,00
1.950.000	651,00	976,50	1.139,25	1.302,00	1.627,50	1.953,00	2.115,75	3.255,00	4.068,75	6.510,00
2.000.000	667,00	1.000,50	1.167,25	1.334,00	1.667,50	2.001,00	2.167,75	3.335,00	4.168,75	6.670,00
2.050.000	683,00	1.024,50	1.195,25	1.366,00	1.707,50	2.049,00	2.219,75	3.415,00	4.268,75	6.830,00
2.100.000	699,00	1.048,50	1.223,25	1.398,00	1.747,50	2.097,00	2.271,75	3.495,00	4.368,75	6.990,00
2.150.000	715,00	1.072,50	1.251,25	1.430,00	1.787,50	2.145,00	2.323,75	3.575,00	4.468,75	7.150,00
2.200.000	731,00	1.096,50	1.279,25	1.462,00	1.827,50	2.193,00	2.375,75	3.655,00	4.568,75	7.310,00
2.250.000	747,00	1.120,50	1.307,25	1.494,00	1.867,50	2.241,00	2.427,75	3.735,00	4.668,75	7.470,00
2.300.000	763,00	1.144,50	1.335,25	1.526,00	1.907,50	2.289,00	2.479,75	3.815,00	4.768,75	7.630,00
2.350.000	779,00	1.168,50	1.363,25	1.558,00	1.947,50	2.337,00	2.531,75	3.895,00	4.868,75	7.790,00
2.400.000	795,00	1.192,50	1.391,25	1.590,00	1.987,50	2.385,00	2.583,75	3.975,00	4.968,75	7.950,00
2.450.000	811,00	1.216,50	1.419,25	1.622,00	2.027,50	2.433,00	2.635,75	4.055,00	5.068,75	8.110,00
2.500.000	827,00	1.240,50	1.447,25	1.654,00	2.067,50	2.481,00	2.687,75	4.135,00	5.168,75	8.270,00
2.550.000	843,00	1.264,50	1.475,25	1.686,00	2.107,50	2.529,00	2.739,75	4.215,00	5.268,75	8.430,00
2.600.000	859,00	1.288,50	1.503,25	1.718,00	2.147,50	2.577,00	2.791,75	4.295,00	5.368,75	8.590,00
2.650.000	875,00	1.312,50	1.531,25	1.750,00	2.187,50	2.625,00	2.843,75	4.375,00	5.468,75	8.750,00
2.700.000	891,00	1.336,50	1.559,25	1.782,00	2.227,50	2.673,00	2.895,75	4.455,00	5.568,75	8.910,00
2.750.000	907,00	1.360,50	1.587,25	1.814,00	2.267,50	2.721,00	2.947,75	4.535,00	5.668,75	9.070,00
2.800.000	923,00	1.384,50	1.615,25	1.846,00	2.307,50	2.769,00	2.999,75	4.615,00	5.768,75	9.230,00
2.850.000	939,00	1.408,50	1.643,25	1.878,00	2.347,50	2.817,00	3.051,75	4.695,00	5.868,75	9.390,00
2.900.000	955,00	1.432,50	1.671,25	1.910,00	2.387,50	2.865,00	3.103,75	4.775,00	5.968,75	9.550,00

Gebühren nach Tabelle B (§ 34 GNotKG)

Geschäfts-wert bis … €	0,2	0,3	0,35	0,4	0,5	0,6	0,65	1,0	1,25	2,0
2.950.000	971,00	1.456,50	1.699,25	1.942,00	2.427,50	2.913,00	3.155,75	4.855,00	6.068,75	9.710,00
3.000.000	987,00	1.480,50	1.727,25	1.974,00	2.467,50	2.961,00	3.207,75	4.935,00	6.168,75	9.870,00
3.050.000	1.003,00	1.504,50	1.755,25	2.006,00	2.507,50	3.009,00	3.259,75	5.015,00	6.268,75	10.030,00
3.100.000	1.019,00	1.528,50	1.783,25	2.038,00	2.547,50	3.057,00	3.311,75	5.095,00	6.368,75	10.190,00
3.150.000	1.035,00	1.552,50	1.811,25	2.070,00	2.587,50	3.105,00	3.363,75	5.175,00	6.468,75	10.350,00
3.200.000	1.051,00	1.576,50	1.839,25	2.102,00	2.627,50	3.153,00	3.415,75	5.255,00	6.568,75	10.510,00
3.250.000	1.067,00	1.600,50	1.867,25	2.134,00	2.667,50	3.201,00	3.467,75	5.335,00	6.668,75	10.670,00
3.300.000	1.083,00	1.624,50	1.895,25	2.166,00	2.707,50	3.249,00	3.519,75	5.415,00	6.768,75	10.830,00
3.350.000	1.099,00	1.648,50	1.923,25	2.198,00	2.747,50	3.297,00	3.571,75	5.495,00	6.868,75	10.990,00
3.400.000	1.115,00	1.672,50	1.951,25	2.230,00	2.787,50	3.345,00	3.623,75	5.575,00	6.968,75	11.150,00
3.450.000	1.131,00	1.696,50	1.979,25	2.262,00	2.827,50	3.393,00	3.675,75	5.655,00	7.068,75	11.310,00
3.500.000	1.147,00	1.720,50	2.007,25	2.294,00	2.867,50	3.441,00	3.727,75	5.735,00	7.168,75	11.470,00
3.550.000	1.163,00	1.744,50	2.035,25	2.326,00	2.907,50	3.489,00	3.779,75	5.815,00	7.268,75	11.630,00
3.600.000	1.179,00	1.768,50	2.063,25	2.358,00	2.947,50	3.537,00	3.831,75	5.895,00	7.368,75	11.790,00
3.650.000	1.195,00	1.792,50	2.091,25	2.390,00	2.987,50	3.585,00	3.883,75	5.975,00	7.468,75	11.950,00
3.700.000	1.211,00	1.816,50	2.119,25	2.422,00	3.027,50	3.633,00	3.935,75	6.055,00	7.568,75	12.110,00
3.750.000	1.227,00	1.840,50	2.147,25	2.454,00	3.067,50	3.681,00	3.987,75	6.135,00	7.668,75	12.270,00
3.800.000	1.243,00	1.864,50	2.175,25	2.486,00	3.107,50	3.729,00	4.039,75	6.215,00	7.768,75	12.430,00
3.850.000	1.259,00	1.888,50	2.203,25	2.518,00	3.147,50	3.777,00	4.091,75	6.295,00	7.868,75	12.590,00
3.900.000	1.275,00	1.912,50	2.231,25	2.550,00	3.187,50	3.825,00	4.143,75	6.375,00	7.968,75	12.750,00
3.950.000	1.291,00	1.936,50	2.259,25	2.582,00	3.227,50	3.873,00	4.195,75	6.455,00	8.068,75	12.910,00
4.000.000	1.307,00	1.960,50	2.287,25	2.614,00	3.267,50	3.921,00	4.247,75	6.535,00	8.168,75	13.070,00
4.050.000	1.323,00	1.984,50	2.315,25	2.646,00	3.307,50	3.969,00	4.299,75	6.615,00	8.268,75	13.230,00
4.100.000	1.339,00	2.008,50	2.343,25	2.678,00	3.347,50	4.017,00	4.351,75	6.695,00	8.368,75	13.390,00
4.150.000	1.355,00	2.032,50	2.371,25	2.710,00	3.387,50	4.065,00	4.403,75	6.775,00	8.468,75	13.550,00
4.200.000	1.371,00	2.056,50	2.399,25	2.742,00	3.427,50	4.113,00	4.455,75	6.855,00	8.568,75	13.710,00
4.250.000	1.387,00	2.080,50	2.427,25	2.774,00	3.467,50	4.161,00	4.507,75	6.935,00	8.668,75	13.870,00
4.300.000	1.403,00	2.104,50	2.455,25	2.806,00	3.507,50	4.209,00	4.559,75	7.015,00	8.768,75	14.030,00
4.350.000	1.419,00	2.128,50	2.483,25	2.838,00	3.547,50	4.257,00	4.611,75	7.095,00	8.868,75	14.190,00
4.400.000	1.435,00	2.152,50	2.511,25	2.870,00	3.587,50	4.305,00	4.663,75	7.175,00	8.968,75	14.350,00

Gebühren nach Tabelle B (§ 34 GNotKG)

Geschäfts-wert bis …€	0,2	0,3	0,35	0,4	0,5	0,6	0,65	1,0	1,25	2,0
4.450.000	1.451,00	2.176,50	2.539,25	2.902,00	3.627,50	4.353,00	4.715,75	7.255,00	9.068,75	14.510,00
4.500.000	1.467,00	2.200,50	2.567,25	2.934,00	3.667,50	4.401,00	4.767,75	7.335,00	9.168,75	14.670,00
4.550.000	1.483,00	2.224,50	2.595,25	2.966,00	3.707,50	4.449,00	4.819,75	7.415,00	9.268,75	14.830,00
4.600.000	1.499,00	2.248,50	2.623,25	2.998,00	3.747,50	4.497,00	4.871,75	7.495,00	9.368,75	14.990,00
4.650.000	1.515,00	2.272,50	2.651,25	3.030,00	3.787,50	4.545,00	4.923,75	7.575,00	9.468,75	15.150,00
4.700.000	1.531,00	2.296,50	2.679,25	3.062,00	3.827,50	4.593,00	4.975,75	7.655,00	9.568,75	15.310,00
4.750.000	1.547,00	2.320,50	2.707,25	3.094,00	3.867,50	4.641,00	5.027,75	7.735,00	9.668,75	15.470,00
4.800.000	1.563,00	2.344,50	2.735,25	3.126,00	3.907,50	4.689,00	5.079,75	7.815,00	9.768,75	15.630,00
4.850.000	1.579,00	2.368,50	2.763,25	3.158,00	3.947,50	4.737,00	5.131,75	7.895,00	9.868,75	15.790,00
4.900.000	1.595,00	2.392,50	2.791,25	3.190,00	3.987,50	4.785,00	5.183,75	7.975,00	9.968,75	15.950,00
4.950.000	1.611,00	2.416,50	2.819,25	3.222,00	4.027,50	4.833,00	5.235,75	8.055,00	10.068,75	16.110,00
5.000.000	1.627,00	2.440,50	2.847,25	3.254,00	4.067,50	4.881,00	5.287,75	8.135,00	10.168,75	16.270,00
5.200.000	1.653,00	2.479,50	2.892,75	3.306,00	4.132,50	4.959,00	5.372,25	8.265,00	10.331,25	16.530,00
5.400.000	1.679,00	2.518,50	2.938,25	3.358,00	4.197,50	5.037,00	5.456,75	8.395,00	10.493,75	16.790,00
5.600.000	1.705,00	2.557,50	2.983,75	3.410,00	4.262,50	5.115,00	5.541,25	8.525,00	10.656,25	17.050,00
5.800.000	1.731,00	2.596,50	3.029,25	3.462,00	4.327,50	5.193,00	5.625,75	8.655,00	10.818,75	17.310,00
6.000.000	1.757,00	2.635,50	3.074,75	3.514,00	4.392,50	5.271,00	5.710,25	8.785,00	10.981,25	17.570,00
6.200.000	1.783,00	2.674,50	3.120,25	3.566,00	4.457,50	5.349,00	5.794,75	8.915,00	11.143,75	17.830,00
6.400.000	1.809,00	2.713,50	3.165,75	3.618,00	4.522,50	5.427,00	5.879,25	9.045,00	11.306,25	18.090,00
6.600.000	1.835,00	2.752,50	3.211,25	3.670,00	4.587,50	5.505,00	5.963,75	9.175,00	11.468,75	18.350,00
6.800.000	1.861,00	2.791,50	3.256,75	3.722,00	4.652,50	5.583,00	6.048,25	9.305,00	11.631,25	18.610,00
7.000.000	1.887,00	2.830,50	3.302,25	3.774,00	4.717,50	5.661,00	6.132,75	9.435,00	11.793,75	18.870,00
7.200.000	1.913,00	2.869,50	3.347,75	3.826,00	4.782,50	5.739,00	6.217,25	9.565,00	11.956,25	19.130,00
7.400.000	1.939,00	2.908,50	3.393,25	3.878,00	4.847,50	5.817,00	6.301,75	9.695,00	12.118,75	19.390,00
7.600.000	1.965,00	2.947,50	3.438,75	3.930,00	4.912,50	5.895,00	6.386,25	9.825,00	12.281,25	19.650,00
7.800.000	1.991,00	2.986,50	3.484,25	3.982,00	4.977,50	5.973,00	6.470,75	9.955,00	12.443,75	19.910,00
8.000.000	2.017,00	3.025,50	3.529,75	4.034,00	5.042,50	6.051,00	6.555,25	10.085,00	12.606,25	20.170,00
8.200.000	2.043,00	3.064,50	3.575,25	4.086,00	5.107,50	6.129,00	6.639,75	10.215,00	12.768,75	20.430,00
8.400.000	2.069,00	3.103,50	3.620,75	4.138,00	5.172,50	6.207,00	6.724,25	10.345,00	12.931,25	20.690,00
8.600.000	2.095,00	3.142,50	3.666,25	4.190,00	5.237,50	6.285,00	6.808,75	10.475,00	13.093,75	20.950,00

Gebühren nach Tabelle B (§ 34 GNotKG)

Geschäfts-wert bis …€	0,2	0,3	0,35	0,4	0,5	0,6	0,65	1,0	1,25	2,0
8.800.000	2.121,00	3.181,50	3.711,75	4.242,00	5.302,50	6.363,00	6.893,25	10.605,00	13.256,25	21.210,00
9.000.000	2.147,00	3.220,50	3.757,25	4.294,00	5.367,50	6.441,00	6.977,75	10.735,00	13.418,75	21.470,00
9.200.000	2.173,00	3.259,50	3.802,75	4.346,00	5.432,50	6.519,00	7.062,25	10.865,00	13.581,25	21.730,00
9.400.000	2.199,00	3.298,50	3.848,25	4.398,00	5.497,50	6.597,00	7.146,75	10.995,00	13.743,75	21.990,00
9.600.000	2.225,00	3.337,50	3.893,75	4.450,00	5.562,50	6.675,00	7.231,25	11.125,00	13.906,25	22.250,00
9.800.000	2.251,00	3.376,50	3.939,25	4.502,00	5.627,50	6.753,00	7.315,75	11.255,00	14.068,75	22.510,00
10.000.000	2.277,00	3.415,50	3.984,75	4.554,00	5.692,50	6.831,00	7.400,25	11.385,00	14.231,25	22.770,00
10.250.000	2.307,00	3.460,50	4.037,25	4.614,00	5.767,50	6.921,00	7.497,75	11.535,00	14.418,75	23.070,00
10.500.000	2.337,00	3.505,50	4.089,75	4.674,00	5.842,50	7.011,00	7.595,25	11.685,00	14.606,25	23.370,00
10.750.000	2.367,00	3.550,50	4.142,25	4.734,00	5.917,50	7.101,00	7.692,75	11.835,00	14.793,75	23.670,00
11.000.000	2.397,00	3.595,50	4.194,75	4.794,00	5.992,50	7.191,00	7.790,25	11.985,00	14.981,25	23.970,00
11.250.000	2.427,00	3.640,50	4.247,25	4.854,00	6.067,50	7.281,00	7.887,75	12.135,00	15.168,75	24.270,00
11.500.000	2.457,00	3.685,50	4.299,75	4.914,00	6.142,50	7.371,00	7.985,25	12.285,00	15.356,25	24.570,00
11.750.000	2.487,00	3.730,50	4.352,25	4.974,00	6.217,50	7.461,00	8.082,75	12.435,00	15.543,75	24.870,00
12.000.000	2.517,00	3.775,50	4.404,75	5.034,00	6.292,50	7.551,00	8.180,25	12.585,00	15.731,25	25.170,00
12.250.000	2.547,00	3.820,50	4.457,25	5.094,00	6.367,50	7.641,00	8.277,75	12.735,00	15.918,75	25.470,00
12.500.000	2.577,00	3.865,50	4.509,75	5.154,00	6.442,50	7.731,00	8.375,25	12.885,00	16.106,25	25.770,00
12.750.000	2.607,00	3.910,50	4.562,25	5.214,00	6.517,50	7.821,00	8.472,75	13.035,00	16.293,75	26.070,00
13.000.000	2.637,00	3.955,50	4.614,75	5.274,00	6.592,50	7.911,00	8.570,25	13.185,00	16.481,25	26.370,00
13.250.000	2.667,00	4.000,50	4.667,25	5.334,00	6.667,50	8.001,00	8.667,75	13.335,00	16.668,75	26.670,00
13.500.000	2.697,00	4.045,50	4.719,75	5.394,00	6.742,50	8.091,00	8.765,25	13.485,00	16.856,25	26.970,00
13.750.000	2.727,00	4.090,50	4.772,25	5.454,00	6.817,50	8.181,00	8.862,75	13.635,00	17.043,75	27.270,00
14.000.000	2.757,00	4.135,50	4.824,75	5.514,00	6.892,50	8.271,00	8.960,25	13.785,00	17.231,25	27.570,00
14.250.000	2.787,00	4.180,50	4.877,25	5.574,00	6.967,50	8.361,00	9.057,75	13.935,00	17.418,75	27.870,00
14.500.000	2.817,00	4.225,50	4.929,75	5.634,00	7.042,50	8.451,00	9.155,25	14.085,00	17.606,25	28.170,00
14.750.000	2.847,00	4.270,50	4.982,25	5.694,00	7.117,50	8.541,00	9.252,75	14.235,00	17.793,75	28.470,00
15.000.000	2.877,00	4.315,50	5.034,75	5.754,00	7.192,50	8.631,00	9.350,25	14.385,00	17.981,25	28.770,00
15.250.000	2.907,00	4.360,50	5.087,25	5.814,00	7.267,50	8.721,00	9.447,75	14.535,00	18.168,75	29.070,00
15.500.000	2.937,00	4.405,50	5.139,75	5.874,00	7.342,50	8.811,00	9.545,25	14.685,00	18.356,25	29.370,00
15.750.000	2.967,00	4.450,50	5.192,25	5.934,00	7.417,50	8.901,00	9.642,75	14.835,00	18.543,75	29.670,00

Gebühren nach Tabelle B (§ 34 GNotKG) 14

Geschäfts-wert bis …€	0,2	0,3	0,35	0,4	0,5	0,6	0,65	1,0	1,25	2,0
16.000.000	2.997,00	4.495,50	5.244,75	5.994,00	7.492,50	8.991,00	9.740,25	14.985,00	18.731,25	29.970,00
16.250.000	3.027,00	4.540,50	5.297,25	6.054,00	7.567,50	9.081,00	9.837,75	15.135,00	18.918,75	30.270,00
16.500.000	3.057,00	4.585,50	5.349,75	6.114,00	7.642,50	9.171,00	9.935,25	15.285,00	19.106,25	30.570,00
16.750.000	3.087,00	4.630,50	5.402,25	6.174,00	7.717,50	9.261,00	10.032,75	15.435,00	19.293,75	30.870,00
17.000.000	3.117,00	4.675,50	5.454,75	6.234,00	7.792,50	9.351,00	10.130,25	15.585,00	19.481,25	31.170,00
17.250.000	3.147,00	4.720,50	5.507,25	6.294,00	7.867,50	9.441,00	10.227,75	15.735,00	19.668,75	31.470,00
17.500.000	3.177,00	4.765,50	5.559,75	6.354,00	7.942,50	9.531,00	10.325,25	15.885,00	19.856,25	31.770,00
17.750.000	3.207,00	4.810,50	5.612,25	6.414,00	8.017,50	9.621,00	10.422,75	16.035,00	20.043,75	32.070,00
18.000.000	3.237,00	4.855,50	5.664,75	6.474,00	8.092,50	9.711,00	10.520,25	16.185,00	20.231,25	32.370,00
18.250.000	3.267,00	4.900,50	5.717,25	6.534,00	8.167,50	9.801,00	10.617,75	16.335,00	20.418,75	32.670,00
18.500.000	3.297,00	4.945,50	5.769,75	6.594,00	8.242,50	9.891,00	10.715,25	16.485,00	20.606,25	32.970,00
18.750.000	3.327,00	4.990,50	5.822,25	6.654,00	8.317,50	9.981,00	10.812,75	16.635,00	20.793,75	33.270,00
19.000.000	3.357,00	5.035,50	5.874,75	6.714,00	8.392,50	10.071,00	10.910,25	16.785,00	20.981,25	33.570,00
19.250.000	3.387,00	5.080,50	5.927,25	6.774,00	8.467,50	10.161,00	11.007,75	16.935,00	21.168,75	33.870,00
19.500.000	3.417,00	5.125,50	5.979,75	6.834,00	8.542,50	10.251,00	11.105,25	17.085,00	21.356,25	34.170,00
19.750.000	3.447,00	5.170,50	6.032,25	6.894,00	8.617,50	10.341,00	11.202,75	17.235,00	21.543,75	34.470,00
20.000.000	3.477,00	5.215,50	6.084,75	6.954,00	8.692,50	10.431,00	11.300,25	17.385,00	21.731,25	34.770,00
20.500.000	3.533,00	5.299,50	6.182,75	7.066,00	8.832,50	10.599,00	11.482,25	17.665,00	22.081,25	35.330,00
21.000.000	3.589,00	5.383,50	6.280,75	7.178,00	8.972,50	10.767,00	11.664,25	17.945,00	22.431,25	35.890,00
21.500.000	3.645,00	5.467,50	6.378,75	7.290,00	9.112,50	10.935,00	11.846,25	18.225,00	22.781,25	36.450,00
22.000.000	3.701,00	5.551,50	6.476,75	7.402,00	9.252,50	11.103,00	12.028,25	18.505,00	23.131,25	37.010,00
22.500.000	3.757,00	5.635,50	6.574,75	7.514,00	9.392,50	11.271,00	12.210,25	18.785,00	23.481,25	37.570,00
23.000.000	3.813,00	5.719,50	6.672,75	7.626,00	9.532,50	11.439,00	12.392,25	19.065,00	23.831,25	38.130,00
23.500.000	3.869,00	5.803,50	6.770,75	7.738,00	9.672,50	11.607,00	12.574,25	19.345,00	24.181,25	38.690,00
24.000.000	3.925,00	5.887,50	6.868,75	7.850,00	9.812,50	11.775,00	12.756,25	19.625,00	24.531,25	39.250,00
24.500.000	3.981,00	5.971,50	6.966,75	7.962,00	9.952,50	11.943,00	12.938,25	19.905,00	24.881,25	39.810,00
25.000.000	4.037,00	6.055,50	7.064,75	8.074,00	10.092,50	12.111,00	13.120,25	20.185,00	25.231,25	40.370,00
25.500.000	4.093,00	6.139,50	7.162,75	8.186,00	10.232,50	12.279,00	13.302,25	20.465,00	25.581,25	40.930,00
26.000.000	4.149,00	6.223,50	7.260,75	8.298,00	10.372,50	12.447,00	13.484,25	20.745,00	25.931,25	41.490,00
26.500.000	4.205,00	6.307,50	7.358,75	8.410,00	10.512,50	12.615,00	13.666,25	21.025,00	26.281,25	42.050,00

Gebühren nach Tabelle B (§ 34 GNotKG)

Geschäfts-wert bis … €	0,2	0,3	0,35	0,4	0,5	0,6	0,65	1,0	1,25	2,0
27.000.000	4.261,00	6.391,50	7.456,75	8.522,00	10.652,50	12.783,00	13.848,25	21.305,00	26.631,25	42.610,00
27.500.000	4.317,00	6.475,50	7.554,75	8.634,00	10.792,50	12.951,00	14.030,25	21.585,00	26.981,25	43.170,00
28.000.000	4.373,00	6.559,50	7.652,75	8.746,00	10.932,50	13.119,00	14.212,25	21.865,00	27.331,25	43.730,00
28.500.000	4.429,00	6.643,50	7.750,75	8.858,00	11.072,50	13.287,00	14.394,25	22.145,00	27.681,25	44.290,00
29.000.000	4.485,00	6.727,50	7.848,75	8.970,00	11.212,50	13.455,00	14.576,25	22.425,00	28.031,25	44.850,00
29.500.000	4.541,00	6.811,50	7.946,75	9.082,00	11.352,50	13.623,00	14.758,25	22.705,00	28.381,25	45.410,00
30.000.000	4.597,00	6.895,50	8.044,75	9.194,00	11.492,50	13.791,00	14.940,25	22.985,00	28.731,25	45.970,00
31.000.000	4.621,00	6.931,50	8.086,75	9.242,00	11.552,50	13.863,00	15.018,25	23.105,00	28.881,25	46.210,00
32.000.000	4.645,00	6.967,50	8.128,75	9.290,00	11.612,50	13.935,00	15.096,25	23.225,00	29.031,25	46.450,00
33.000.000	4.669,00	7.003,50	8.170,75	9.338,00	11.672,50	14.007,00	15.174,25	23.345,00	29.181,25	46.690,00
34.000.000	4.693,00	7.039,50	8.212,75	9.386,00	11.732,50	14.079,00	15.252,25	23.465,00	29.331,25	46.930,00
35.000.000	4.717,00	7.075,50	8.254,75	9.434,00	11.792,50	14.151,00	15.330,25	23.585,00	29.481,25	47.170,00
36.000.000	4.741,00	7.111,50	8.296,75	9.482,00	11.852,50	14.223,00	15.408,25	23.705,00	29.631,25	47.410,00
37.000.000	4.765,00	7.147,50	8.338,75	9.530,00	11.912,50	14.295,00	15.486,25	23.825,00	29.781,25	47.650,00
38.000.000	4.789,00	7.183,50	8.380,75	9.578,00	11.972,50	14.367,00	15.564,25	23.945,00	29.931,25	47.890,00
39.000.000	4.813,00	7.219,50	8.422,75	9.626,00	12.032,50	14.439,00	15.642,25	24.065,00	30.081,25	48.130,00
40.000.000	4.837,00	7.255,50	8.464,75	9.674,00	12.092,50	14.511,00	15.720,25	24.185,00	30.231,25	48.370,00
41.000.000	4.861,00	7.291,50	8.506,75	9.722,00	12.152,50	14.583,00	15.798,25	24.305,00	30.381,25	48.610,00
42.000.000	4.885,00	7.327,50	8.548,75	9.770,00	12.212,50	14.655,00	15.876,25	24.425,00	30.531,25	48.850,00
43.000.000	4.909,00	7.363,50	8.590,75	9.818,00	12.272,50	14.727,00	15.954,25	24.545,00	30.681,25	49.090,00
44.000.000	4.933,00	7.399,50	8.632,75	9.866,00	12.332,50	14.799,00	16.032,25	24.665,00	30.831,25	49.330,00
45.000.000	4.957,00	7.435,50	8.674,75	9.914,00	12.392,50	14.871,00	16.110,25	24.785,00	30.981,25	49.570,00
46.000.000	4.981,00	7.471,50	8.716,75	9.962,00	12.452,50	14.943,00	16.188,25	24.905,00	31.131,25	49.810,00
47.000.000	5.005,00	7.507,50	8.758,75	10.010,00	12.512,50	15.015,00	16.266,25	25.025,00	31.281,25	50.050,00
48.000.000	5.029,00	7.543,50	8.800,75	10.058,00	12.572,50	15.087,00	16.344,25	25.145,00	31.431,25	50.290,00
49.000.000	5.053,00	7.579,50	8.842,75	10.106,00	12.632,50	15.159,00	16.422,25	25.265,00	31.581,25	50.530,00
50.000.000	5.077,00	7.615,50	8.884,75	10.154,00	12.692,50	15.231,00	16.500,25	25.385,00	31.731,25	50.770,00
51.000.000	5.101,00	7.651,50	8.926,75	10.202,00	12.752,50	15.303,00	16.578,25	25.505,00	31.881,25	51.010,00
52.000.000	5.125,00	7.687,50	8.968,75	10.250,00	12.812,50	15.375,00	16.656,25	25.625,00	32.031,25	51.250,00
53.000.000	5.149,00	7.723,50	9.010,75	10.298,00	12.872,50	15.447,00	16.734,25	25.745,00	32.181,25	51.490,00

Gebühren nach Tabelle B (§ 34 GNotKG)

Geschäfts-wert bis … €	0,2	0,3	0,35	0,4	0,5	0,6	0,65	1,0	1,25	2,0
54.000.000	5.173,00	7.759,50	9.052,75	10.346,00	12.932,50	15.519,00	16.812,25	25.865,00	32.331,25	51.730,00
55.000.000	5.197,00	7.795,50	9.094,75	10.394,00	12.992,50	15.591,00	16.890,25	25.985,00	32.481,25	51.970,00
56.000.000	5.221,00	7.831,50	9.136,75	10.442,00	13.052,50	15.663,00	16.968,25	26.105,00	32.631,25	52.210,00
57.000.000	5.245,00	7.867,50	9.178,75	10.490,00	13.112,50	15.735,00	17.046,25	26.225,00	32.781,25	52.450,00
58.000.000	5.269,00	7.903,50	9.220,75	10.538,00	13.172,50	15.807,00	17.124,25	26.345,00	32.931,25	52.690,00
59.000.000	5.293,00	7.939,50	9.262,75	10.586,00	13.232,50	15.879,00	17.202,25	26.465,00	33.081,25	52.930,00
60.000.000	5.317,00	7.975,50	9.304,75	10.634,00	13.292,50	15.951,00	17.280,25	26.585,00	33.231,25	53.170,00

II. Gebühren nach Tabelle A (§ 34 GNotKG)

Die Tabelle zu § 32 GNotKG Anlage A (Gerichtsgebühren) finden Sie auf unserer Homepage: www.notarverlag.de bei der Produktbeschreibung der Gebührentabelle für Notare zum Download.

Auf einen Abdruck in der Printfassung wurde in dieser Auflage verzichtet, weil zum Zeitpunkt der Drucklegung Änderungen gegenüber der Fassung vom 16.5.2013 (siehe Hinweis S. 4) nicht auszuschließen waren.

III. Ermäßigung der Gebühren nach § 91 GNotKG*

Hinweise:

1. Der Ermäßigung unterliegen gem. § 91 Abs. 1 Satz 1 GNotKG nur die in Teil 2 Hauptabschnitt 1 oder 4 oder die in den Nummern 23803 und 25202 des Kostenverzeichnisses bestimmten Gebühren.

2. Für Geschäftswerte bis einschließlich 25.000 Euro findet keine Ermäßigung statt (§ 91 Abs. 1 Satz 1 GNotKG).

---

* Die Gebührentabelle ist unter Mitarbeit von Robert Ossig entstanden.

Ermäßigung der Gebühren nach § 91 GNotKG

Geschäftswert bis ...€	0,2	0,3	0,35	0,4	0,5	0,6	0,65	1,0	1,25	2,0
500,00	15,00	15,00	15,00	15,00	15,00	15,00	15,00	15,00	18,75	30,00
1.000,00	15,00	15,00	15,00	15,00	15,00	15,00	15,00	19,00	23,75	38,00
1.500,00	15,00	15,00	15,00	15,00	15,00	15,00	15,00	23,00	28,75	46,00
2.000,00	15,00	15,00	15,00	15,00	15,00	16,20	17,55	27,00	33,75	54,00
3.000,00	15,00	15,00	15,00	15,00	16,50	19,80	21,45	33,00	41,25	66,00
4.000,00	15,00	15,00	15,00	15,60	19,50	23,40	25,35	39,00	48,75	78,00
5.000,00	15,00	15,00	15,75	18,00	22,50	27,00	29,25	45,00	56,25	90,00
6.000,00	15,00	15,30	17,85	20,40	25,50	30,60	33,15	51,00	63,75	102,00
7.000,00	15,00	17,10	19,95	22,80	28,50	34,20	37,05	57,00	71,25	114,00
8.000,00	15,00	18,90	22,05	25,20	31,50	37,80	40,95	63,00	78,75	126,00
9.000,00	15,00	20,70	24,15	27,60	34,50	41,40	44,85	69,00	86,25	138,00
10.000,00	15,00	22,50	26,25	30,00	37,50	45,00	48,75	75,00	93,75	150,00
13.000,00	16,60	24,90	29,05	33,20	41,50	49,80	53,95	83,00	103,75	166,00
16.000,00	18,20	27,30	31,85	36,40	45,50	54,60	59,15	91,00	113,75	182,00
19.000,00	19,80	29,70	34,65	39,60	49,50	59,40	64,35	99,00	123,75	198,00
22.000,00	21,40	32,10	37,45	42,80	53,50	64,20	69,55	107,00	133,75	214,00
25.000,00	23,00	34,50	40,25	46,00	57,50	69,00	74,75	115,00	143,75	230,00
30.000,00	23,00	34,50	40,25	46,00	57,50	69,00	74,75	115,00	143,75	230,00
35.000,00	23,00	34,50	40,25	46,00	57,50	69,00	74,75	115,00	143,75	230,00
40.000,00	23,00	34,50	40,25	46,00	57,50	69,00	74,75	115,00	143,75	230,00
45.000,00	23,00	34,50	40,25	46,00	57,50	69,00	74,75	115,00	143,75	230,00
50.000,00	23,10	34,65	40,43	46,20	57,75	69,30	75,08	115,50	144,38	231,00
65.000,00	26,88	40,32	47,04	53,76	67,20	80,64	87,36	134,40	168,00	268,80
80.000,00	30,66	45,99	53,66	61,32	76,65	91,98	99,65	153,30	191,63	306,60
95.000,00	34,44	51,66	60,27	68,88	86,10	103,32	111,93	172,20	215,25	344,40
110.000,00	38,22	57,33	66,89	76,44	95,55	114,66	124,22	191,10	238,88	382,20
125.000,00	38,22	57,33	66,89	76,44	95,55	114,66	124,22	191,10	238,88	382,20
140.000,00	39,24	58,86	68,67	78,48	98,10	117,72	127,53	196,20	245,25	392,40
155.000,00	42,48	63,72	74,34	84,96	106,20	127,44	138,06	212,40	265,50	424,80
170.000,00	45,72	68,58	80,01	91,44	114,30	137,16	148,59	228,60	285,75	457,20

Ermäßigung der Gebühren nach § 91 GNotKG

Geschäfts-wert bis …€	0,2	0,3	0,35	0,4	0,5	0,6	0,65	1,0	1,25	2,0
185.000,00	48,96	73,44	85,68	97,92	122,40	146,88	159,12	244,80	306,00	489,60
200.000,00	52,20	78,30	91,35	104,40	130,50	156,60	169,65	261,00	326,25	522,00
230.000,00	58,20	87,30	101,85	116,40	145,50	174,60	189,15	291,00	363,75	582,00
260.000,00	64,20	96,30	112,35	128,40	160,50	192,60	208,65	321,00	401,25	642,00
290.000,00	64,20	96,30	112,35	128,40	160,50	192,60	208,65	321,00	401,25	642,00
320.000,00	64,20	96,30	112,35	128,40	160,50	192,60	208,65	321,00	401,25	642,00
350.000,00	68,50	102,75	119,88	137,00	171,25	205,50	222,63	342,50	428,13	685,00
380.000,00	73,50	110,25	128,63	147,00	183,75	220,50	238,88	367,50	459,38	735,00
410.000,00	78,50	117,75	137,38	157,00	196,25	235,50	255,13	392,50	490,63	785,00
440.000,00	83,50	125,25	146,13	167,00	208,75	250,50	271,38	417,50	521,88	835,00
470.000,00	88,50	132,75	154,88	177,00	221,25	265,50	287,63	442,50	553,13	885,00
500.000,00	93,50	140,25	163,63	187,00	233,75	280,50	303,88	467,50	584,38	935,00
550.000,00	101,50	152,25	177,63	203,00	253,75	304,50	329,88	507,50	634,38	1.015,00
600.000,00	109,50	164,25	191,63	219,00	273,75	328,50	355,88	547,50	684,38	1.095,00
650.000,00	117,50	176,25	205,63	235,00	293,75	352,50	381,88	587,50	734,38	1.175,00
700.000,00	125,50	188,25	219,63	251,00	313,75	376,50	407,88	627,50	784,38	1.255,00
750.000,00	133,50	200,25	233,63	267,00	333,75	400,50	433,88	667,50	834,38	1.335,00
800.000,00	141,50	212,25	247,63	283,00	353,75	424,50	459,88	707,50	884,38	1.415,00
850.000,00	149,50	224,25	261,63	299,00	373,75	448,50	485,88	747,50	934,38	1.495,00
900.000,00	157,50	236,25	275,63	315,00	393,75	472,50	511,88	787,50	984,38	1.575,00
950.000,00	165,50	248,25	289,63	331,00	413,75	496,50	537,88	827,50	1.034,38	1.655,00
1.000.000,00	173,50	260,25	303,63	347,00	433,75	520,50	563,88	867,50	1.084,38	1.735,00
1.050.000,00	173,50	260,25	303,63	347,00	433,75	520,50	563,88	867,50	1.084,38	1.735,00
1.100.000,00	173,50	260,25	303,63	347,00	433,75	520,50	563,88	867,50	1.084,38	1.735,00
1.150.000,00	173,50	260,25	303,63	347,00	433,75	520,50	563,88	867,50	1.084,38	1.735,00
1.200.000,00	173,50	260,25	303,63	347,00	433,75	520,50	563,88	867,50	1.084,38	1.735,00
1.250.000,00	173,50	260,25	303,63	347,00	433,75	520,50	563,88	867,50	1.084,38	1.735,00
1.300.000,00	177,20	265,80	310,10	354,40	443,00	531,60	575,90	886,00	1.107,50	1.772,00
1.350.000,00	183,60	275,40	321,30	367,20	459,00	550,80	596,70	918,00	1.147,50	1.836,00
1.400.000,00	190,00	285,00	332,50	380,00	475,00	570,00	617,50	950,00	1.187,50	1.900,00

Ermäßigung der Gebühren nach § 91 GNotKG

Geschäfts-wert bis ... €	0,2	0,3	0,35	0,4	0,5	0,6	0,65	1,0	1,25	2,0
1.450.000,00	196,40	294,60	343,70	392,80	491,00	589,20	638,30	982,00	1.227,50	1.964,00
1.500.000,00	202,80	304,20	354,90	405,60	507,00	608,40	659,10	1.014,00	1.267,50	2.028,00
1.550.000,00	209,20	313,80	366,10	418,40	523,00	627,60	679,90	1.046,00	1.307,50	2.092,00
1.600.000,00	215,60	323,40	377,30	431,20	539,00	646,80	700,70	1.078,00	1.347,50	2.156,00
1.650.000,00	222,00	333,00	388,50	444,00	555,00	666,00	721,50	1.110,00	1.387,50	2.220,00
1.700.000,00	228,40	342,60	399,70	456,80	571,00	685,20	742,30	1.142,00	1.427,50	2.284,00
1.750.000,00	234,80	352,20	410,90	469,60	587,00	704,40	763,10	1.174,00	1.467,50	2.348,00
1.800.000,00	241,20	361,80	422,10	482,40	603,00	723,60	783,90	1.206,00	1.507,50	2.412,00
1.850.000,00	247,60	371,40	433,30	495,20	619,00	742,80	804,70	1.238,00	1.547,50	2.476,00
1.900.000,00	254,00	381,00	444,50	508,00	635,00	762,00	825,50	1.270,00	1.587,50	2.540,00
1.950.000,00	260,40	390,60	455,70	520,80	651,00	781,20	846,30	1.302,00	1.627,50	2.604,00
2.000.000,00	266,80	400,20	466,90	533,60	667,00	800,40	867,10	1.334,00	1.667,50	2.668,00
2.050.000,00	273,20	409,80	478,10	546,40	683,00	819,60	887,90	1.366,00	1.707,50	2.732,00
2.100.000,00	279,60	419,40	489,30	559,20	699,00	838,80	908,70	1.398,00	1.747,50	2.796,00
2.150.000,00	286,00	429,00	500,50	572,00	715,00	858,00	929,50	1.430,00	1.787,50	2.860,00
2.200.000,00	292,40	438,60	511,70	584,80	731,00	877,20	950,30	1.462,00	1.827,50	2.924,00
2.250.000,00	298,80	448,20	522,90	597,60	747,00	896,40	971,10	1.494,00	1.867,50	2.988,00
2.300.000,00	305,20	457,80	534,10	610,40	763,00	915,60	991,90	1.526,00	1.907,50	3.052,00
2.350.000,00	311,60	467,40	545,30	623,20	779,00	934,80	1.012,70	1.558,00	1.947,50	3.116,00
2.400.000,00	318,00	477,00	556,50	636,00	795,00	954,00	1.033,50	1.590,00	1.987,50	3.180,00
2.450.000,00	324,40	486,60	567,70	648,80	811,00	973,20	1.054,30	1.622,00	2.027,50	3.244,00
2.500.000,00	330,80	496,20	578,90	661,60	827,00	992,40	1.075,10	1.654,00	2.067,50	3.308,00
2.550.000,00	337,20	505,80	590,10	674,40	843,00	1.011,60	1.095,90	1.686,00	2.107,50	3.372,00
2.600.000,00	343,60	515,40	601,30	687,20	859,00	1.030,80	1.116,70	1.718,00	2.147,50	3.436,00
2.650.000,00	350,00	525,00	612,50	700,00	875,00	1.050,00	1.137,50	1.750,00	2.187,50	3.500,00
2.700.000,00	356,40	534,60	623,70	712,80	891,00	1.069,20	1.158,30	1.782,00	2.227,50	3.564,00
2.750.000,00	362,80	544,20	634,90	725,60	907,00	1.088,40	1.179,10	1.814,00	2.267,50	3.628,00
2.800.000,00	369,20	553,80	646,10	738,40	923,00	1.107,60	1.199,90	1.846,00	2.307,50	3.692,00
2.850.000,00	375,60	563,40	657,30	751,20	939,00	1.126,80	1.220,70	1.878,00	2.347,50	3.756,00
2.900.000,00	382,00	573,00	668,50	764,00	955,00	1.146,00	1.241,50	1.910,00	2.387,50	3.820,00

Ermäßigung der Gebühren nach § 91 GNotKG

Geschäfts- wert bis ... €	0,2	0,3	0,35	0,4	0,5	0,6	0,65	1,0	1,25	2,0
2.950.000,00	388,40	582,60	679,70	776,80	971,00	1.165,20	1.262,30	1.942,00	2.427,50	3.884,00
3.000.000,00	394,80	592,20	690,90	789,60	987,00	1.184,40	1.283,10	1.974,00	2.467,50	3.948,00
3.050.000,00	401,20	601,80	702,10	802,40	1.003,00	1.203,60	1.303,90	2.006,00	2.507,50	4.012,00
3.100.000,00	407,60	611,40	713,30	815,20	1.019,00	1.222,80	1.324,70	2.038,00	2.547,50	4.076,00
3.150.000,00	414,00	621,00	724,50	828,00	1.035,00	1.242,00	1.345,50	2.070,00	2.587,50	4.140,00
3.200.000,00	420,40	630,60	735,70	840,80	1.051,00	1.261,20	1.366,30	2.102,00	2.627,50	4.204,00
3.250.000,00	426,80	640,20	746,90	853,60	1.067,00	1.280,40	1.387,10	2.134,00	2.667,50	4.268,00
3.300.000,00	433,20	649,80	758,10	866,40	1.083,00	1.299,60	1.407,90	2.166,00	2.707,50	4.332,00
3.350.000,00	439,60	659,40	769,30	879,20	1.099,00	1.318,80	1.428,70	2.198,00	2.747,50	4.396,00
3.400.000,00	446,00	669,00	780,50	892,00	1.115,00	1.338,00	1.449,50	2.230,00	2.787,50	4.460,00
3.450.000,00	452,40	678,60	791,70	904,80	1.131,00	1.357,20	1.470,30	2.262,00	2.827,50	4.524,00
3.500.000,00	458,80	688,20	802,90	917,60	1.147,00	1.376,40	1.491,10	2.294,00	2.867,50	4.588,00
3.550.000,00	465,20	697,80	814,10	930,40	1.163,00	1.395,60	1.511,90	2.326,00	2.907,50	4.652,00
3.600.000,00	471,60	707,40	825,30	943,20	1.179,00	1.414,80	1.532,70	2.358,00	2.947,50	4.716,00
3.650.000,00	478,00	717,00	836,50	956,00	1.195,00	1.434,00	1.553,50	2.390,00	2.987,50	4.780,00
3.700.000,00	484,40	726,60	847,70	968,80	1.211,00	1.453,20	1.574,30	2.422,00	3.027,50	4.844,00
3.750.000,00	490,80	736,20	858,90	981,60	1.227,00	1.472,40	1.595,10	2.454,00	3.067,50	4.908,00
3.800.000,00	497,20	745,80	870,10	994,40	1.243,00	1.491,60	1.615,90	2.486,00	3.107,50	4.972,00
3.850.000,00	503,60	755,40	881,30	1.007,20	1.259,00	1.510,80	1.636,70	2.518,00	3.147,50	5.036,00
3.900.000,00	510,00	765,00	892,50	1.020,00	1.275,00	1.530,00	1.657,50	2.550,00	3.187,50	5.100,00
3.950.000,00	516,40	774,60	903,70	1.032,80	1.291,00	1.549,20	1.678,30	2.582,00	3.227,50	5.164,00
4.000.000,00	522,80	784,20	914,90	1.045,60	1.307,00	1.568,40	1.699,10	2.614,00	3.267,50	5.228,00
4.050.000,00	529,20	793,80	926,10	1.058,40	1.323,00	1.587,60	1.719,90	2.646,00	3.307,50	5.292,00
4.100.000,00	535,60	803,40	937,30	1.071,20	1.339,00	1.606,80	1.740,70	2.678,00	3.347,50	5.356,00
4.150.000,00	542,00	813,00	948,50	1.084,00	1.355,00	1.626,00	1.761,50	2.710,00	3.387,50	5.420,00
4.200.000,00	548,40	822,60	959,70	1.096,80	1.371,00	1.645,20	1.782,30	2.742,00	3.427,50	5.484,00
4.250.000,00	554,80	832,20	970,90	1.109,60	1.387,00	1.664,40	1.803,10	2.774,00	3.467,50	5.548,00
4.300.000,00	561,20	841,80	982,10	1.122,40	1.403,00	1.683,60	1.823,90	2.806,00	3.507,50	5.612,00
4.350.000,00	567,60	851,40	993,30	1.135,20	1.419,00	1.702,80	1.844,70	2.838,00	3.547,50	5.676,00
4.400.000,00	574,00	861,00	1.004,50	1.148,00	1.435,00	1.722,00	1.865,50	2.870,00	3.587,50	5.740,00

Ermäßigung der Gebühren nach § 91 GNotKG 22

Geschäfts-wert bis ... €	0,2	0,3	0,35	0,4	0,5	0,6	0,65	1,0	1,25	2,0
4.450.000,00	580,40	870,60	1.015,70	1.160,80	1.451,00	1.741,20	1.886,30	2.902,00	3.627,50	5.804,00
4.500.000,00	586,80	880,20	1.026,90	1.173,60	1.467,00	1.760,40	1.907,10	2.934,00	3.667,50	5.868,00
4.550.000,00	593,20	889,80	1.038,10	1.186,40	1.483,00	1.779,60	1.927,90	2.966,00	3.707,50	5.932,00
4.600.000,00	599,60	899,40	1.049,30	1.199,20	1.499,00	1.798,80	1.948,70	2.998,00	3.747,50	5.996,00
4.650.000,00	606,00	909,00	1.060,50	1.212,00	1.515,00	1.818,00	1.969,50	3.030,00	3.787,50	6.060,00
4.700.000,00	612,40	918,60	1.071,70	1.224,80	1.531,00	1.837,20	1.990,30	3.062,00	3.827,50	6.124,00
4.750.000,00	618,80	928,20	1.082,90	1.237,60	1.547,00	1.856,40	2.011,10	3.094,00	3.867,50	6.188,00
4.800.000,00	625,20	937,80	1.094,10	1.250,40	1.563,00	1.875,60	2.031,90	3.126,00	3.907,50	6.252,00
4.850.000,00	631,60	947,40	1.105,30	1.263,20	1.579,00	1.894,80	2.052,70	3.158,00	3.947,50	6.316,00
4.900.000,00	638,00	957,00	1.116,50	1.276,00	1.595,00	1.914,00	2.073,50	3.190,00	3.987,50	6.380,00
4.950.000,00	644,40	966,60	1.127,70	1.288,80	1.611,00	1.933,20	2.094,30	3.222,00	4.027,50	6.444,00
5.000.000,00	650,80	976,20	1.138,90	1.301,60	1.627,00	1.952,40	2.115,10	3.254,00	4.067,50	6.508,00
5.200.000,00	661,20	991,80	1.157,10	1.322,40	1.653,00	1.983,60	2.148,90	3.306,00	4.132,50	6.612,00
5.400.000,00	671,60	1.007,40	1.175,30	1.343,20	1.679,00	2.014,80	2.182,70	3.358,00	4.197,50	6.716,00
5.600.000,00	682,00	1.023,00	1.193,50	1.364,00	1.705,00	2.046,00	2.216,50	3.410,00	4.262,50	6.820,00
5.800.000,00	692,40	1.038,60	1.211,70	1.384,80	1.731,00	2.077,20	2.250,30	3.462,00	4.327,50	6.924,00
6.000.000,00	702,80	1.054,20	1.229,90	1.405,60	1.757,00	2.108,40	2.284,10	3.514,00	4.392,50	7.028,00
6.200.000,00	713,20	1.069,80	1.248,10	1.426,40	1.783,00	2.139,60	2.317,90	3.566,00	4.457,50	7.132,00
6.400.000,00	723,60	1.085,40	1.266,30	1.447,20	1.809,00	2.170,80	2.351,70	3.618,00	4.522,50	7.236,00
6.600.000,00	734,00	1.101,00	1.284,50	1.468,00	1.835,00	2.202,00	2.385,50	3.670,00	4.587,50	7.340,00
6.800.000,00	744,40	1.116,60	1.302,70	1.488,80	1.861,00	2.233,20	2.419,30	3.722,00	4.652,50	7.444,00
7.000.000,00	754,80	1.132,20	1.320,90	1.509,60	1.887,00	2.264,40	2.453,10	3.774,00	4.717,50	7.548,00
7.200.000,00	765,20	1.147,80	1.339,10	1.530,40	1.913,00	2.295,60	2.486,90	3.826,00	4.782,50	7.652,00
7.400.000,00	775,60	1.163,40	1.357,30	1.551,20	1.939,00	2.326,80	2.520,70	3.878,00	4.847,50	7.756,00
7.600.000,00	786,00	1.179,00	1.375,50	1.572,00	1.965,00	2.358,00	2.554,50	3.930,00	4.912,50	7.860,00
7.800.000,00	796,40	1.194,60	1.393,70	1.592,80	1.991,00	2.389,20	2.588,30	3.982,00	4.977,50	7.964,00
8.000.000,00	806,80	1.210,20	1.411,90	1.613,60	2.017,00	2.420,40	2.622,10	4.034,00	5.042,50	8.068,00
8.200.000,00	817,20	1.225,80	1.430,10	1.634,40	2.043,00	2.451,60	2.655,90	4.086,00	5.107,50	8.172,00
8.400.000,00	827,60	1.241,40	1.448,30	1.655,20	2.069,00	2.482,80	2.689,70	4.138,00	5.172,50	8.276,00
8.600.000,00	838,00	1.257,00	1.466,50	1.676,00	2.095,00	2.514,00	2.723,50	4.190,00	5.237,50	8.380,00

Ermäßigung der Gebühren nach § 91 GNotKG

Geschäfts-wert bis ...€	0,2	0,3	0,35	0,4	0,5	0,6	0,65	1,0	1,25	2,0
8.800.000,00	848,40	1.272,60	1.484,70	1.696,80	2.121,00	2.545,20	2.757,30	4.242,00	5.302,50	8.484,00
9.000.000,00	858,80	1.288,20	1.502,90	1.717,60	2.147,00	2.576,40	2.791,10	4.294,00	5.367,50	8.588,00
9.200.000,00	869,20	1.303,80	1.521,10	1.738,40	2.173,00	2.607,60	2.824,90	4.346,00	5.432,50	8.692,00
9.400.000,00	879,60	1.319,40	1.539,30	1.759,20	2.199,00	2.638,80	2.858,70	4.398,00	5.497,50	8.796,00
9.600.000,00	890,00	1.335,00	1.557,50	1.780,00	2.225,00	2.670,00	2.892,50	4.450,00	5.562,50	8.900,00
9.800.000,00	900,40	1.350,60	1.575,70	1.800,80	2.251,00	2.701,20	2.926,30	4.502,00	5.627,50	9.004,00
10.000.000,00	910,80	1.366,20	1.593,90	1.821,60	2.277,00	2.732,40	2.960,10	4.554,00	5.692,50	9.108,00
10.250.000,00	922,80	1.384,20	1.614,90	1.845,60	2.307,00	2.768,40	2.999,10	4.614,00	5.767,50	9.228,00
10.500.000,00	934,80	1.402,20	1.635,90	1.869,60	2.337,00	2.804,40	3.038,10	4.674,00	5.842,50	9.348,00
10.750.000,00	946,80	1.420,20	1.656,90	1.893,60	2.367,00	2.840,40	3.077,10	4.734,00	5.917,50	9.468,00
11.000.000,00	958,80	1.438,20	1.677,90	1.917,60	2.397,00	2.876,40	3.116,10	4.794,00	5.992,50	9.588,00
11.250.000,00	970,80	1.456,20	1.698,90	1.941,60	2.427,00	2.912,40	3.155,10	4.854,00	6.067,50	9.708,00
11.500.000,00	982,80	1.474,20	1.719,90	1.965,60	2.457,00	2.948,40	3.194,10	4.914,00	6.142,50	9.828,00
11.750.000,00	994,80	1.492,20	1.740,90	1.989,60	2.487,00	2.984,40	3.233,10	4.974,00	6.217,50	9.948,00
12.000.000,00	1.006,80	1.510,20	1.761,90	2.013,60	2.517,00	3.020,40	3.272,10	5.034,00	6.292,50	10.068,00
12.250.000,00	1.018,80	1.528,20	1.782,90	2.037,60	2.547,00	3.056,40	3.311,10	5.094,00	6.367,50	10.188,00
12.500.000,00	1.030,80	1.546,20	1.803,90	2.061,60	2.577,00	3.092,40	3.350,10	5.154,00	6.442,50	10.308,00
12.750.000,00	1.042,80	1.564,20	1.824,90	2.085,60	2.607,00	3.128,40	3.389,10	5.214,00	6.517,50	10.428,00
13.000.000,00	1.054,80	1.582,20	1.845,90	2.109,60	2.637,00	3.164,40	3.428,10	5.274,00	6.592,50	10.548,00
13.250.000,00	1.066,80	1.600,20	1.866,90	2.133,60	2.667,00	3.200,40	3.467,10	5.334,00	6.667,50	10.668,00
13.500.000,00	1.078,80	1.618,20	1.887,90	2.157,60	2.697,00	3.236,40	3.506,10	5.394,00	6.742,50	10.788,00
13.750.000,00	1.090,80	1.636,20	1.908,90	2.181,60	2.727,00	3.272,40	3.545,10	5.454,00	6.817,50	10.908,00
14.000.000,00	1.102,80	1.654,20	1.929,90	2.205,60	2.757,00	3.308,40	3.584,10	5.514,00	6.892,50	11.028,00
14.250.000,00	1.114,80	1.672,20	1.950,90	2.229,60	2.787,00	3.344,40	3.623,10	5.574,00	6.967,50	11.148,00
14.500.000,00	1.126,80	1.690,20	1.971,90	2.253,60	2.817,00	3.380,40	3.662,10	5.634,00	7.042,50	11.268,00
14.750.000,00	1.138,80	1.708,20	1.992,90	2.277,60	2.847,00	3.416,40	3.701,10	5.694,00	7.117,50	11.388,00
15.000.000,00	1.150,80	1.726,20	2.013,90	2.301,60	2.877,00	3.452,40	3.740,10	5.754,00	7.192,50	11.508,00
15.250.000,00	1.162,80	1.744,20	2.034,90	2.325,60	2.907,00	3.488,40	3.779,10	5.814,00	7.267,50	11.628,00
15.500.000,00	1.174,80	1.762,20	2.055,90	2.349,60	2.937,00	3.524,40	3.818,10	5.874,00	7.342,50	11.748,00
15.750.000,00	1.186,80	1.780,20	2.076,90	2.373,60	2.967,00	3.560,40	3.857,10	5.934,00	7.417,50	11.868,00

Ermäßigung der Gebühren nach § 91 GNotKG 24

Geschäfts-wert bis ...€	0,2	0,3	0,35	0,4	0,5	0,6	0,65	1,0	1,25	2,0
16.000.000,00	1.198,80	1.798,20	2.097,90	2.397,60	2.997,00	3.596,40	3.896,10	5.994,00	7.492,50	11.988,00
16.250.000,00	1.210,80	1.816,20	2.118,90	2.421,60	3.027,00	3.632,40	3.935,10	6.054,00	7.567,50	12.108,00
16.500.000,00	1.222,80	1.834,20	2.139,90	2.445,60	3.057,00	3.668,40	3.974,10	6.114,00	7.642,50	12.228,00
16.750.000,00	1.234,80	1.852,20	2.160,90	2.469,60	3.087,00	3.704,40	4.013,10	6.174,00	7.717,50	12.348,00
17.000.000,00	1.246,80	1.870,20	2.181,90	2.493,60	3.117,00	3.740,40	4.052,10	6.234,00	7.792,50	12.468,00
17.250.000,00	1.258,80	1.888,20	2.202,90	2.517,60	3.147,00	3.776,40	4.091,10	6.294,00	7.867,50	12.588,00
17.500.000,00	1.270,80	1.906,20	2.223,90	2.541,60	3.177,00	3.812,40	4.130,10	6.354,00	7.942,50	12.708,00
17.750.000,00	1.282,80	1.924,20	2.244,90	2.565,60	3.207,00	3.848,40	4.169,10	6.414,00	8.017,50	12.828,00
18.000.000,00	1.294,80	1.942,20	2.265,90	2.589,60	3.237,00	3.884,40	4.208,10	6.474,00	8.092,50	12.948,00
18.250.000,00	1.306,80	1.960,20	2.286,90	2.613,60	3.267,00	3.920,40	4.247,10	6.534,00	8.167,50	13.068,00
18.500.000,00	1.318,80	1.978,20	2.307,90	2.637,60	3.297,00	3.956,40	4.286,10	6.594,00	8.242,50	13.188,00
18.750.000,00	1.330,80	1.996,20	2.328,90	2.661,60	3.327,00	3.992,40	4.325,10	6.654,00	8.317,50	13.308,00
19.000.000,00	1.342,80	2.014,20	2.349,90	2.685,60	3.357,00	4.028,40	4.364,10	6.714,00	8.392,50	13.428,00
19.250.000,00	1.354,80	2.032,20	2.370,90	2.709,60	3.387,00	4.064,40	4.403,10	6.774,00	8.467,50	13.548,00
19.500.000,00	1.366,80	2.050,20	2.391,90	2.733,60	3.417,00	4.100,40	4.442,10	6.834,00	8.542,50	13.668,00
19.750.000,00	1.378,80	2.068,20	2.412,90	2.757,60	3.447,00	4.136,40	4.481,10	6.894,00	8.617,50	13.788,00
20.000.000,00	1.390,80	2.086,20	2.433,90	2.781,60	3.477,00	4.172,40	4.520,10	6.954,00	8.692,50	13.908,00
20.500.000,00	1.413,20	2.119,80	2.473,10	2.826,40	3.533,00	4.239,60	4.592,90	7.066,00	8.832,50	14.132,00
21.000.000,00	1.435,60	2.153,40	2.512,30	2.871,20	3.589,00	4.306,80	4.665,70	7.178,00	8.972,50	14.356,00
21.500.000,00	1.458,00	2.187,00	2.551,50	2.916,00	3.645,00	4.374,00	4.738,50	7.290,00	9.112,50	14.580,00
22.000.000,00	1.480,40	2.220,60	2.590,70	2.960,80	3.701,00	4.441,20	4.811,30	7.402,00	9.252,50	14.804,00
22.500.000,00	1.502,80	2.254,20	2.629,90	3.005,60	3.757,00	4.508,40	4.884,10	7.514,00	9.392,50	15.028,00
23.000.000,00	1.525,20	2.287,80	2.669,10	3.050,40	3.813,00	4.575,60	4.956,90	7.626,00	9.532,50	15.252,00
23.500.000,00	1.547,60	2.321,40	2.708,30	3.095,20	3.869,00	4.642,80	5.029,70	7.738,00	9.672,50	15.476,00
24.000.000,00	1.570,00	2.355,00	2.747,50	3.140,00	3.925,00	4.710,00	5.102,50	7.850,00	9.812,50	15.700,00
24.500.000,00	1.592,40	2.388,60	2.786,70	3.184,80	3.981,00	4.777,20	5.175,30	7.962,00	9.952,50	15.924,00
25.000.000,00	1.614,80	2.422,20	2.825,90	3.229,60	4.037,00	4.844,40	5.248,10	8.074,00	10.092,50	16.148,00
25.500.000,00	1.637,20	2.455,80	2.865,10	3.274,40	4.093,00	4.911,60	5.320,90	8.186,00	10.232,50	16.372,00
26.000.000,00	1.659,60	2.489,40	2.904,30	3.319,20	4.149,00	4.978,80	5.393,70	8.298,00	10.372,50	16.596,00
26.500.000,00	1.682,00	2.523,00	2.943,50	3.364,00	4.205,00	5.046,00	5.466,50	8.410,00	10.512,50	16.820,00

Ermäßigung der Gebühren nach § 91 GNotKG

Geschäfts-wert bis …€	0,2	0,3	0,35	0,4	0,5	0,6	0,65	1,0	1,25	2,0
27.000.000,00	1.704,40	2.556,60	2.982,70	3.408,80	4.261,00	5.113,20	5.539,30	8.522,00	10.652,50	17.044,00
27.500.000,00	1.726,80	2.590,20	3.021,90	3.453,60	4.317,00	5.180,40	5.612,10	8.634,00	10.792,50	17.268,00
28.000.000,00	1.749,20	2.623,80	3.061,10	3.498,40	4.373,00	5.247,60	5.684,90	8.746,00	10.932,50	17.492,00
28.500.000,00	1.771,60	2.657,40	3.100,30	3.543,20	4.429,00	5.314,80	5.757,70	8.858,00	11.072,50	17.716,00
29.000.000,00	1.794,00	2.691,00	3.139,50	3.588,00	4.485,00	5.382,00	5.830,50	8.970,00	11.212,50	17.940,00
29.500.000,00	1.816,40	2.724,60	3.178,70	3.632,80	4.541,00	5.449,20	5.903,30	9.082,00	11.352,50	18.164,00
30.000.000,00	1.838,80	2.758,20	3.217,90	3.677,60	4.597,00	5.516,40	5.976,10	9.194,00	11.492,50	18.388,00
31.000.000,00	1.848,40	2.772,60	3.234,70	3.696,80	4.621,00	5.545,20	6.007,30	9.242,00	11.552,50	18.484,00
32.000.000,00	1.858,00	2.787,00	3.251,50	3.716,00	4.645,00	5.574,00	6.038,50	9.290,00	11.612,50	18.580,00
33.000.000,00	1.867,60	2.801,40	3.268,30	3.735,20	4.669,00	5.602,80	6.069,70	9.338,00	11.672,50	18.676,00
34.000.000,00	1.877,20	2.815,80	3.285,10	3.754,40	4.693,00	5.631,60	6.100,90	9.386,00	11.732,50	18.772,00
35.000.000,00	1.886,80	2.830,20	3.301,90	3.773,60	4.717,00	5.660,40	6.132,10	9.434,00	11.792,50	18.868,00
36.000.000,00	1.896,40	2.844,60	3.318,70	3.792,80	4.741,00	5.689,20	6.163,30	9.482,00	11.852,50	18.964,00
37.000.000,00	1.906,00	2.859,00	3.335,50	3.812,00	4.765,00	5.718,00	6.194,50	9.530,00	11.912,50	19.060,00
38.000.000,00	1.915,60	2.873,40	3.352,30	3.831,20	4.789,00	5.746,80	6.225,70	9.578,00	11.972,50	19.156,00
39.000.000,00	1.925,20	2.887,80	3.369,10	3.850,40	4.813,00	5.775,60	6.256,90	9.626,00	12.032,50	19.252,00
40.000.000,00	1.934,80	2.902,20	3.385,90	3.869,60	4.837,00	5.804,40	6.288,10	9.674,00	12.092,50	19.348,00
41.000.000,00	1.944,40	2.916,60	3.402,70	3.888,80	4.861,00	5.833,20	6.319,30	9.722,00	12.152,50	19.444,00
42.000.000,00	1.954,00	2.931,00	3.419,50	3.908,00	4.885,00	5.862,00	6.350,50	9.770,00	12.212,50	19.540,00
43.000.000,00	1.963,60	2.945,40	3.436,30	3.927,20	4.909,00	5.890,80	6.381,70	9.818,00	12.272,50	19.636,00
44.000.000,00	1.973,20	2.959,80	3.453,10	3.946,40	4.933,00	5.919,60	6.412,90	9.866,00	12.332,50	19.732,00
45.000.000,00	1.982,80	2.974,20	3.469,90	3.965,60	4.957,00	5.948,40	6.444,10	9.914,00	12.392,50	19.828,00
46.000.000,00	1.992,40	2.988,60	3.486,70	3.984,80	4.981,00	5.977,20	6.475,30	9.962,00	12.452,50	19.924,00
47.000.000,00	2.002,00	3.003,00	3.503,50	4.004,00	5.005,00	6.006,00	6.506,50	10.010,00	12.512,50	20.020,00
48.000.000,00	2.011,60	3.017,40	3.520,30	4.023,20	5.029,00	6.034,80	6.537,70	10.058,00	12.572,50	20.116,00
49.000.000,00	2.021,20	3.031,80	3.537,10	4.042,40	5.053,00	6.063,60	6.568,90	10.106,00	12.632,50	20.212,00
50.000.000,00	2.030,80	3.046,20	3.553,90	4.061,60	5.077,00	6.092,40	6.600,10	10.154,00	12.692,50	20.308,00
51.000.000,00	2.040,40	3.060,60	3.570,70	4.080,80	5.101,00	6.121,20	6.631,30	10.202,00	12.752,50	20.404,00
52.000.000,00	2.050,00	3.075,00	3.587,50	4.100,00	5.125,00	6.150,00	6.662,50	10.250,00	12.812,50	20.500,00
53.000.000,00	2.059,60	3.089,40	3.604,30	4.119,20	5.149,00	6.178,80	6.693,70	10.298,00	12.872,50	20.596,00

Geschäfts-wert bis …€	0,2	0,3	0,35	0,4	0,5	0,6	0,65	1,0	1,25	2,0
54.000.000,00	2.069,20	3.103,80	3.621,10	4.138,40	5.173,00	6.207,60	6.724,90	10.346,00	12.932,50	20.692,00
55.000.000,00	2.078,80	3.118,20	3.637,90	4.157,60	5.197,00	6.236,40	6.756,10	10.394,00	12.992,50	20.788,00
56.000.000,00	2.088,40	3.132,60	3.654,70	4.176,80	5.221,00	6.265,20	6.787,30	10.442,00	13.052,50	20.884,00
57.000.000,00	2.098,00	3.147,00	3.671,50	4.196,00	5.245,00	6.294,00	6.818,50	10.490,00	13.112,50	20.980,00
58.000.000,00	2.107,60	3.161,40	3.688,30	4.215,20	5.269,00	6.322,80	6.849,70	10.538,00	13.172,50	21.076,00
59.000.000,00	2.117,20	3.175,80	3.705,10	4.234,40	5.293,00	6.351,60	6.880,90	10.586,00	13.232,50	21.172,00
60.000.000,00	2.126,80	3.190,20	3.721,90	4.253,60	5.317,00	6.380,40	6.912,10	10.634,00	13.292,50	21.268,00

IV. Gebühren des Gerichts für Eintragungen in das Handelsregister

Verordnung über Gebühren in Handels-, Partnerschafts- und Genossenschaftsregistersachen (Handelsregistergebührenverordnung – HRegGebV)

Vom 30.9.2004, BGBl. I S. 2562

Zuletzt geändert durch Artikel 1 der Verordnung vom 29. September 2010 (BGBl. I S. 1731), diese in Kraft getreten am 1. Januar 2011; gesetzliche Ermächtigungsgrundlage § 58 GNotKG.

Hinweis:

Die Handelsregistergebührenverordnung (HRegGebV) ist die Reaktion des deutschen Gesetzgebers auf die Fantask-Entscheidung des EuGH (Urt. 2.12.1997 – Rs. C-188/95 – Fantask, ZIP 1998, 206). Sie sieht für Eintragungen in das Handels-, Partnerschafts- oder Genossenschaftsregister die Erhebung von Gebühren vor, die den durchschnittlichen Personal- und Sachkosten für die Amtshandlung entsprechen. Die turnusmäßige, bundesweite Erfassung des Aufwandes der Registergerichte hat gem. der Ermächtigungsgrundlage in § 58 GNotKG zur aktuellen, zweiten Änderungsverordnung des Bundesministeriums der Justiz unter Zustimmung des Bundesrates geführt. Die Änderung hat eine deutliche Gebührenerhöhung für Eintragungen ab dem 1.1.2011 gebracht.

§ 1 Gebührenverzeichnis

(1) Für Eintragungen in das Handels-, Partnerschafts- oder Genossenschaftsregister, die Entgegennahme, Prüfung und Aufbewahrung der zum Handels- oder Genossenschaftsregister einzureichenden Unterlagen sowie die Übertragung von Schriftstücken in ein elektronisches Dokument nach § 9 Abs. 2 des Handelsgesetzbuchs und Artikel 61 Abs. 3 des Einführungsgesetzes zum Handelsgesetzbuch werden Gebühren nach dem Gebührenverzeichnis der Anlage zu dieser Verordnung erhoben.

(2) Satz 1 gilt nicht für die aus Anlass eines Insolvenzverfahrens von Amts wegen vorzunehmenden Eintragungen und für Löschungen nach Paragraph 395 des Gesetzes über das Verfahren in Familiensachen und in den Angelegenheiten der freiwilligen Gerichtsbarkeit.

§ 2 Allgemeine Vorschriften

(1) Neben der Gebühr für die Ersteintragung werden nur Gebühren für die gleichzeitig angemeldete Eintragung der Errichtung einer Zweigniederlassung und für die Eintragung einer Prokura gesondert erhoben.

(2) Betrifft dieselbe spätere Anmeldung mehrere Tatsachen, ist für jede Tatsache die Gebühr gesondert zu erheben. Das Eintreten oder das Ausscheiden einzutragender Personen ist hinsichtlich einer jeden Person eine besondere Tatsache.

(3) Als jeweils dieselbe Tatsache betreffend sind zu behandeln:
1. die Anmeldung einer zur Vertretung berechtigten Person und die gleichzeitige Anmeldung ihrer Vertretungsmacht oder deren Ausschlusses;

2. die Anmeldung der Verlegung
   a) der Hauptniederlassung,
   b) des Sitzes oder
   c) der Zweigniederlassung
   und die gleichzeitige Anmeldung der Änderung der inländischen Geschäftsanschrift;
3. mehrere Änderungen eines Gesellschaftsvertrags oder einer Satzung, die gleichzeitig angemeldet werden und nicht die Änderung eingetragener Angaben betreffen;
4. die Änderung eingetragener Angaben und die dem zugrunde liegende Änderung des Gesellschaftsvertrags oder der Satzung.

(4) Anmeldungen, die am selben Tag beim Registergericht eingegangen sind und dasselbe Unternehmen betreffen, werden als eine Anmeldung behandelt.

§ 2a Recht der Europäischen Union

Umwandlungen und Verschmelzungen nach dem Recht der Europäischen Union stehen hinsichtlich der Gebühren den Umwandlungen nach dem Umwandlungsgesetz gleich.

§ 3 Zurücknahme

(1) Wird eine Anmeldung zurückgenommen, bevor die Eintragung erfolgt oder die Anmeldung zurückgewiesen worden ist, sind 120 Prozent der für die Eintragung bestimmten Gebühren zu erheben. Bei der Zurücknahme einer angemeldeten Ersteintragung bleiben die Gebühren für die gleichzeitig angemeldete Eintragung der Errichtung einer Zweigniederlassung und für die Eintragung einer Prokura unberücksichtigt.

(2) Erfolgt die Zurücknahme spätestens am Tag bevor eine Entscheidung des Gerichts mit der Bestimmung einer angemessenen Frist zur Beseitigung eines Hindernisses (§ 382 Absatz 4 des Gesetzes über das Verfahren in Familiensachen und in den Angelegenheiten der freiwilligen Gerichtsbarkeit) unterzeichnet wird, beträgt die Gebühr 75 Prozent der für die Eintragung bestimmten Gebühr, höchstens jedoch 250 Euro. Der unterzeichneten Entscheidung steht ein gerichtliches elektronisches Dokument gleich (§ 14 Absatz 3 des Gesetzes über das Verfahren in Familiensachen und in den Angelegenheiten der freiwilligen Gerichtsbarkeit in Verbindung mit § 130b der Zivilprozessordnung). Betrifft eine Anmeldung mehrere Tatsachen, betragen in den Fällen der Sätze 1 und 2 die auf die zurückgenommenen Teile der Anmeldung entfallenden Gebühren insgesamt höchstens 250 Euro.

§ 4 Zurückweisung

Wird eine Anmeldung zurückgewiesen, sind 170 Prozent der für die Eintragung bestimmten Gebühren zu erheben. Bei der Zurückweisung einer angemeldeten Ersteintragung bleiben die Gebühren für die gleichzeitig angemeldete Eintragung der Errichtung einer Zweigniederlassung und für die Eintragung einer Prokura unberücksichtigt.

§ 5 Zurücknahme oder Zurückweisung in besonderen Fällen

Wird die Anmeldung einer sonstigen späteren Eintragung, die mehrere Tatsachen zum Gegenstand hat, teilweise zurückgenommen oder zurückgewiesen, ist für jeden zurückgenommenen oder zurückgewiesenen Teil von den Gebühren 1503, 2501 und 3501 des Gebührenverzeichnisses auszugehen. § 3 Absatz 2 bleibt unberührt.

§ 5a Übergangsvorschrift

Für Kosten, die vor dem Inkrafttreten einer Änderung der Rechtsverordnung fällig geworden sind, gilt das bisherige Recht.

§ 6 Übergangsvorschrift zum Gesetz über elektronische Handelsregister und Genossenschaftsregister sowie das Unternehmensregister

Für die Entgegennahme, Prüfung und Aufbewahrung eines Jahres-, Einzel- oder Konzernabschlusses und der dazu gehörenden Unterlagen für ein vor dem 1. Januar 2006 beginnendes Geschäftsjahr werden die Gebühren 5000 und 5001 des Gebührenverzeichnisses in der vor dem 1. Januar 2007 geltenden Fassung erhoben, auch wenn die Unterlagen erst nach dem 31. Dezember 2006 zum Handelsregister eingereicht werden.

Schlussformel

Der Bundesrat hat zugestimmt.

Handelsregistersachen – Gerichtsgebühren für Eintragungen

Anlage (zu § 1)

Gebührenverzeichnis

Nr.	Gebührentatbestand	Gebührenbetrag

**Teil 1
Eintragungen in das Handelsregister Abteilung A
und das Partnerschaftsregister**

Vorbemerkung 1:

(1) Für Eintragungen, die juristische Personen (§ 33 HGB) und Europäische wirtschaftliche Interessenvereinigungen betreffen, bestimmen sich die Gebühren nach den für Eintragungen bei Gesellschaften mit bis zu 3 eingetragenen Gesellschaftern geltenden Vorschriften. Hinsichtlich der Gebühren für Eintragungen, die Zweigniederlassungen eines Unternehmens mit Hauptniederlassung oder Sitz im Ausland betreffen, bleibt der Umstand, dass es sich um eine Zweigniederlassung handelt, unberücksichtigt; die allgemein für inländische Unternehmen geltenden Vorschriften sind anzuwenden.

(2) Wird die Hauptniederlassung oder der Sitz in den Bezirk eines anderen Gerichts verlegt, wird für die Eintragung im Register der bisherigen Hauptniederlassung oder des bisherigen Sitzes keine Gebühr erhoben.

(3) Für Eintragungen, die Prokuren betreffen, sind ausschließlich Gebühren nach Teil 4 zu erheben.

(4) Für die Eintragung des Erlöschens der Firma oder des Namens sowie des Schlusses der Abwicklung einer Europäischen wirtschaftlichen Interessenvereinigung werden keine Gebühren erhoben; die Gebühren in Abschnitt 4 bleiben unberührt.

Abschnitt 1

Ersteintragung

Nr.	Gebührentatbestand	Gebührenbetrag
	Eintragung – außer aufgrund einer Umwandlung nach dem UmwG –	
1100	– eines Einzelkaufmanns	70,00 €
1101	– einer Gesellschaft mit bis zu 3 einzutragenden Gesellschaftern oder einer Partnerschaft mit bis zu 3 einzutragenden Partnern	100,00 €
1102	– einer Gesellschaft mit mehr als 3 einzutragenden Gesellschaftern oder einer Partnerschaft mit mehr als 3 einzutragenden Partnern:	
	Die Gebühr 1101 erhöht sich für jeden weiteren einzutragenden Gesellschafter oder jeden weiteren einzutragenden Partner um	40,00 €
	Eintragung aufgrund einer Umwandlung nach dem UmwG	
1103	– eines Einzelkaufmanns	150,00 €
1104	– einer Gesellschaft mit bis zu 3 einzutragenden Gesellschaftern oder einer Partnerschaft mit bis zu 3 einzutragenden Partnern	180,00 €
1105	– einer Gesellschaft mit mehr als 3 einzutragenden Gesellschaftern oder einer Partnerschaft mit mehr als 3 einzutragenden Partnern:	

Handelsregistersachen – Gerichtsgebühren für Eintragungen

Nr.	Gebührentatbestand	Gebührenbetrag

Die Gebühr 1104 erhöht sich für jeden weiteren einzutragenden Gesellschafter oder für jeden weiteren einzutragenden Partner um .... 70,00 €

Abschnitt 2
Errichtung einer Zweigniederlassung

1200 Eintragung einer Zweigniederlassung .... 40,00 €

Abschnitt 3
Verlegung der Hauptniederlassung oder des Sitzes

Vorbemerkung 1.3:

Gebühren nach diesem Abschnitt sind nicht zu erheben, wenn das bisherige Gericht zuständig bleibt; Abschnitt 5 bleibt unberührt.

Eintragung bei dem Gericht, in dessen Bezirk die Hauptniederlassung oder der Sitz verlegt worden ist, bei

1300 – einem Einzelkaufmann .... 60,00 €
1301 – einer Gesellschaft mit bis zu 3 eingetragenen Gesellschaftern oder einer Partnerschaft mit bis zu 3 eingetragenen Partnern .... 80,00 €

– einer Gesellschaft mit mehr als 3 eingetragenen Gesellschaftern oder einer Partnerschaft mit mehr als 3 eingetragenen Partnern:

1302 – – Die Gebühr 1301 erhöht sich für jeden weiteren eingetragenen Gesellschafter oder für jeden weiteren eingetragenen Partner bis einschließlich zur 100. eingetragenen Person um .... 40,00 €

1303 – – Die Gebühr 1301 erhöht sich für jeden weiteren eingetragenen Gesellschafter oder für jeden weiteren eingetragenen Partner ab der 101. eingetragenen Person um .... 10,00 €

Abschnitt 4
Umwandlung nach dem Umwandlungsgesetz

Eintragung einer Umwandlung nach dem UmwG

1400 – in das Register des übertragenden oder formwechselnden Rechtsträgers .... 180,00 €
1401 – in das Register des übernehmenden Rechtsträgers ... 180,00 €

Für Eintragungen über den Eintritt der Wirksamkeit werden keine besonderen Gebühren erhoben.

Abschnitt 5
Sonstige spätere Eintragung

Vorbemerkung 1.5:

Gebühren nach diesem Abschnitt werden nur für Eintragungen erhoben, für die Gebühren nach den Abschnitten 1 bis 4 nicht zu erheben sind.

Handelsregistersachen – Gerichtsgebühren für Eintragungen

Nr.	Gebührentatbestand	Gebührenbetrag

	Eintragung einer Tatsache bei	
1500	– einem Einzelkaufmann	40,00 €
1501	– einer Gesellschaft mit bis zu 50 eingetragenen Gesellschaftern oder einer Partnerschaft mit bis zu 50 eingetragenen Partnern	60,00 €
1502	– einer Gesellschaft mit mehr als 50 eingetragenen Gesellschaftern oder einer Partnerschaft mit mehr als 50 eingetragenen Partnern	70,00 €
1503	Eintragung der zweiten und jeder weiteren Tatsache aufgrund derselben Anmeldung:	
	Die Gebühren 1500 bis 1502 betragen jeweils	30,00 €
	Tatsachen ohne wirtschaftliche Bedeutung sind nicht als erste Tatsache zu behandeln.	
1504	Die Eintragung betrifft eine Tatsache ohne wirtschaftliche Bedeutung:	
	Die Gebühren 1500 bis 1502 betragen	30,00 €

Teil 2

Eintragungen in das Handelsregister Abteilung B

Vorbemerkung 2:

(1) Hinsichtlich der Gebühren für Eintragungen, die Zweigniederlassungen eines Unternehmens mit Sitz im Ausland betreffen, bleibt der Umstand, dass es sich um eine Zweigniederlassung handelt, unberücksichtigt; die allgemein für inländische Unternehmen geltenden Vorschriften sind anzuwenden.

(2) Wird der Sitz in den Bezirk eines anderen Gerichts verlegt, wird für die Eintragung im Register des bisherigen Sitzes keine Gebühr erhoben.

(3) Für Eintragungen, die Prokuren betreffen, sind ausschließlich Gebühren nach Teil 4 zu erheben.

(4) Für die Eintragung der Löschung der Gesellschaft und des Schlusses der Abwicklung oder der Liquidation werden keine Gebühren erhoben; die Gebühren 2402 und 2403 bleiben unberührt.

Abschnitt 1

Ersteintragung

Nr.	Gebührentatbestand	Gebührenbetrag
2100	Eintragung einer Gesellschaft mit beschränkter Haftung einschließlich einer Unternehmergesellschaft – außer aufgrund einer Umwandlung nach dem UmwG –. . .	150,00 €
2101	Es wird mindestens eine Sacheinlage geleistet:	
	Die Gebühr 2100 beträgt	240,00 €
2102	Eintragung einer Aktiengesellschaft, einer Kommanditgesellschaft auf Aktien oder eines Versicherungsvereins auf Gegenseitigkeit – außer aufgrund einer Umwandlung nach dem UmwG –	300,00 €
2103	Es wird mindestens eine Sacheinlage geleistet:	
	Die Gebühr 2102 beträgt	360,00 €

Handelsregistersachen – Gerichtsgebühren für Eintragungen

Nr.	Gebührentatbestand	Gebührenbetrag
	Eintragung aufgrund einer Umwandlung nach dem UmwG	
2104	– einer Gesellschaft mit beschränkter Haftung	260,00 €
2105	– einer Aktiengesellschaft oder einer Kommanditgesellschaft auf Aktien	660,00 €
2106	– eines Versicherungsvereins auf Gegenseitigkeit	460,00 €

Abschnitt 2
Errichtung einer Zweigniederlassung

2200	Eintragung einer Zweigniederlassung	120,00 €

Abschnitt 3
Verlegung des Sitzes

2300	Eintragung bei dem Gericht, in dessen Bezirk der Sitz verlegt worden ist	140,00 €
	Die Gebühr wird nicht erhoben, wenn das bisherige Gericht zuständig bleibt; Abschnitt 5 bleibt unberührt.	

Abschnitt 4
Besondere spätere Eintragung

	Eintragung	
2400	– der Nachgründung einer Aktiengesellschaft oder des Beschlusses der Hauptversammlung einer Aktiengesellschaft oder einer Kommanditgesellschaft auf Aktien über Maßnahmen der Kapitalbeschaffung oder der Kapitalherabsetzung oder der Durchführung der Kapitalerhöhung.	270,00 €
2401	– der Erhöhung des Stammkapitals durch Sacheinlage oder der Erhöhung des Stammkapitals zum Zwecke der Umwandlung nach dem UmwG	210,00 €
	Eintragung einer Umwandlung nach dem UmwG	
2402	– in das Register des übertragenden oder formwechselnden Rechtsträgers	240,00 €
2403	– in das Register des übernehmenden Rechtsträgers ...	240,00 €
	Für Eintragungen über den Eintritt der Wirksamkeit werden keine besonderen Gebühren erhoben.	
2404	Eintragung der Eingliederung oder des Endes der Eingliederung einer Aktiengesellschaft	210,00 €
2405	Eintragung des Übertragungsbeschlusses im Fall des Ausschlusses von Minderheitsaktionären (§ 327e AktG)	210,00 €

Handelsregistersachen – Gerichtsgebühren für Eintragungen 34

Nr.	Gebührentatbestand	Gebührenbetrag

Abschnitt 5
Sonstige spätere Eintragung

Vorbemerkung 2.5:

Gebühren nach diesem Abschnitt werden nur für Eintragungen erhoben, für die Gebühren nach den Abschnitten 1 bis 4 nicht zu erheben sind.

2500 Eintragung einer Tatsache .... 70,00 €
2501 Eintragung der zweiten und jeder weiteren Tatsache aufgrund derselben Anmeldung:

Die Gebühr 2500 beträgt jeweils .... 40,00 €

Tatsachen ohne wirtschaftliche Bedeutung sind nicht als erste Tatsache zu behandeln.

2502 Die Eintragung betrifft eine Tatsache ohne wirtschaftliche Bedeutung:

Die Gebühren 2500 und 2501 betragen .... 30,00 €

Teil 3
Eintragungen in das Genossenschaftsregister

Vorbemerkung 3:

(1) Hinsichtlich der Gebühren für Eintragungen, die Zweigniederlassungen einer Europäischen Genossenschaft mit Sitz im Ausland betreffen, bleibt der Umstand, dass es sich um eine Zweigniederlassung handelt, unberücksichtigt; die allgemein für inländische Genossenschaften geltenden Vorschriften sind anzuwenden.

(2) Wird der Sitz in den Bezirk eines anderen Gerichts verlegt, wird für die Eintragung im Register des bisherigen Sitzes keine Gebühr erhoben.

(3) Für Eintragungen, die Prokuren betreffen, sind ausschließlich Gebühren nach Teil 4 zu erheben.

(4) Für die Eintragung des Erlöschens der Genossenschaft werden keine Gebühren erhoben; die Gebühren in Abschnitt 4 bleiben unberührt.

Abschnitt 1
Ersteintragung

Eintragung

3100 – außer aufgrund einer Umwandlung nach dem UmwG .. 210,00 €
3101 – aufgrund einer Umwandlung nach dem UmwG ...... 360,00 €

Abschnitt 2
Errichtung einer Zweigniederlassung

3200 Eintragung einer Zweigniederlassung .... 60,00 €

Abschnitt 3
Verlegung des Sitzes

3300 Eintragung bei dem Gericht, in dessen Bezirk der Sitz verlegt worden ist .... 210,00 €

Die Gebühr wird nicht erhoben, wenn das bisherige Gericht zuständig bleibt; Abschnitt 5 bleibt unberührt.

Nr.	Gebührentatbestand	Gebührenbetrag

Abschnitt 4
Umwandlung nach dem Umwandlungsgesetz

Eintragung einer Umwandlung nach dem UmwG

3400	– in das Register des übertragenden oder formwechselnden Rechtsträgers	300,00 €
3401	– in das Register des übernehmenden Rechtsträgers . . .	300,00 €

Für Eintragungen über den Eintritt der Wirksamkeit werden keine besonderen Gebühren erhoben.

Abschnitt 5
Sonstige spätere Eintragung

Vorbemerkung 3.5:

Gebühren nach diesem Abschnitt werden nur für Eintragungen erhoben, für die Gebühren nach den Abschnitten 1 bis 4 nicht zu erheben sind.

3500	Eintragung einer Tatsache	110,00 €
3501	Eintragung der zweiten und jeder weiteren Tatsache aufgrund derselben Anmeldung:	
	Die Gebühr 3500 beträgt jeweils	60,00 €
	Tatsachen ohne wirtschaftliche Bedeutung sind nicht als erste Tatsache zu behandeln.	
3502	Die Eintragung betrifft eine Tatsache ohne wirtschaftliche Bedeutung:	
	Die Gebühren 3500 und 3501 betragen	30,00 €

Teil 4
Prokuren

4000	Eintragung einer Prokura, Eintragung von Änderungen oder der Löschung einer Prokura	40,00 €
4001	Die Eintragungen aufgrund derselben Anmeldung betreffen mehrere Prokuren:	
	Die Gebühr 4000 beträgt für die zweite und jede weitere Prokura jeweils	30,00 €
	Eine Prokura, wegen der die Gebühr 4002 erhoben wird, ist nicht als erste Prokura zu behandeln.	
4002	Die Eintragung betrifft ausschließlich eine Tatsache ohne wirtschaftliche Bedeutung:	
	Die Gebühr 4000 beträgt	30,00 €

Teil 5
Weitere Geschäfte

Vorbemerkung 5:

Mit den Gebühren 5000 bis 5006 wird auch der Aufwand für die Prüfung und Aufbewahrung der genannten Unterlagen abgegolten.

Handelsregistersachen – Gerichtsgebühren für Eintragungen

Nr.	Gebührentatbestand	Gebührenbetrag
Entgegennahme		
5000	– der Bescheinigung des Prüfungsverbands (§ 59 Abs. 1 GenG)	30,00 €
5001	– der Bekanntmachung der Eröffnungsbilanz durch die Liquidatoren (§ 89 Satz 3 GenG)	30,00 €
5002	– der Liste der Gesellschafter (§ 40 GmbHG)	30,00 €
5003	– der Liste der Mitglieder des Aufsichtsrats einschließlich der Bekanntmachung über die Einreichung (§ 52 Abs. 2 Satz 2 GmbHG, § 106 AktG)	40,00 €
5004	– der Mitteilung über den alleinigen Aktionär (§ 42 AktG) . .	40,00 €
5005	– des Protokolls der Hauptversammlung (§ 130 Abs. 5 AktG)	50,00 €
5006	– von Verträgen, eines Verschmelzungsplans oder von entsprechenden Entwürfen nach dem UmwG	50,00 €
5007	Übertragung von Schriftstücken in ein elektronisches Dokument (§ 9 Abs. 2 HGB und Artikel 61 Abs. 3 EGHGB):	
	für jede angefangene Seite	2,00 €
	Die Gebühr wird für die Dokumente jedes Registerblatts gesondert erhoben. Mit der Gebühr wird auch die einmalige elektronische Übermittlung der Dokumente an den Antragsteller abgegolten.	– mindestens 25,00 €

B. Gerichtskosten-ABC

Schnellübersicht

Gebührensätze

Dauerbetreuung, Dauerpflegschaft
Gebühr Nr. 11101, 11104 (Tabelle A) . . . . Jahresgebühr für jedes angefangene Kalenderjahr: 5,00 EUR je angefangene 5.000 Euro des zu berücksichtigenden Vermögens; mindestens 50 Euro

Dokumentenpauschale
Gebühr Ziffer 31000
für die ersten 50 Seiten je Seite . . . . 0,50 EUR
für jede weitere Seite . . . . 0,15 EUR
für die Überlassung von elektronisch gespeicherten Dateien anstelle der Ausfertigungen, Ablichtungen und Ausdrucke
je Datei . . . . 1,50 EUR
Dokumentenpauschalefrei siehe Ziffer 31000 Nr. 2.(3)

Eigentümer Eintragung
Wert § 46 GNotKG
Gebühr Ziff. 14110 1,0

Einzelpflegschaften
Betreuung und Pflegschaft für einzelne Rechtshandlungen 0,5;
Wert § 63 GNotKG höchstens eine
Gebühr 111103, bzw. 11105 . . . . Gebühr 11101, bzw. 11104

Erbbaurecht Eintragung
Wert § 49 Abs. 2 GNotKG
Gebühr Ziff. 14121 1,0

Erbschein Erteilung
Wert § 40 Abs. 1 GNotKG
Gebühr Ziff. 12210 1,0
Antrag mit eidesstattlicher Versicherung
Wert § 40 Abs. 1 GNotKG
Gebühr Ziff. 15212 0,5

Erklärungen gegenüber dem Nachlassgericht
Gebühr Ziff. 12410 . . . . 15 EUR

Ernennung und Entlassung von Testamentsvollstreckern
Wert § 65 GNotKG
Gebühr Ziff. 12420 0,5

	Gebührensätze

Eröffnung einer Verfügung von Todes wegen
  Gebühr Ziff. 12101 . . . .   75 EUR

Genossenschaftsregister Eintragung
  siehe dazu S. 30 ff. (IV. Gebühren des Gerichts für Eintragungen in das Handelsregister)

Güterrechtsregister Eintragung
  Verfahren über Eintragung aufgrund eines Ehe- oder Lebenspartnerschaftsvertrages
  Gebühr Ziff. 13200 . . . .   100 EUR
  Sonstige Eintragungen
  Gebühr Ziff. 13201 . . . .   50 EUR

Handelsregister Eintragung
  siehe dazu S. 30 ff., (IV. Gebühren des Gerichts für
  Eintragungen in das Handelsregister)

Hypothek (Grundschuld) Eintragung
  Wert § 53 Abs. 1 GNotKG
  Gebühr Ziff. 14121   1,0

Hypothek (Grundschuld) Brief Eintragung
  Wert § 53 Abs. 1 GNotKG
  Gebühr Ziff. 14120   1,3

Löschungen in Abteilung III des Grundbuchs
  Wert § 53 Abs. 1 GNotKG
  Gebühr 14140   0,5
  im Übrigen
  Gebühr Ziff. 14143 . . . .   25 EUR

Löschungsvormerkung Eintragung
  Wert § 45 Abs. 2 GNotKG
  Gebühr Ziff. 14130   0,5

Mithaft (Pfand) Entlassung Eintragung
  Wert § 44 Abs. 1 GNotKG
  Gebühr Ziff. 14142   0,3

Nachlasspflegschaft
  Gebühr Ziff. 12311 . . . .   Jahresgebühr;
5 EUR je angefangenen 5.000 EUR
des Nachlasswertes,
mindestens
100 EUR

	Gebührensätze

Nachlasssicherung
    Wert § 36 GNotKG
    Gebühr Ziff. 12310 ....
	0,5

Partnerschaftsregister Eintragung siehe dazu S. 30 ff. (IV. Gebühren des Gerichts für Eintragungen in das Handelsregister)	

Reallast   Eintragung
    Wert § 52 GNotKG
    Gebühr Ziff. 14121 ....
	1,0

Sonstige Grundbucheintragung Gebühr Ziff. 14160	50 EUR

Veränderungen dinglicher Rechte Eintragung
    Wert, je Recht §§ 49 Abs. 2, 52 GNotKG
    Gebühr Ziff. 14130 ....
	0,5

Vereinsregister Eintragungen
    für die erste Eintragung des Vereins ....
    Gebühr Ziff. 13100
	75 EUR

für alle späteren Anmeldungen .... Gebühr Ziff. 13101	50 EUR
für Löschung der Gesamteintragung .... Gebühr Ziff. 13101 (3)	Keine Gebühr
Vermerke von Rechten des Grundstückeigentümers Gebühr Ziff. 14160	50 EUR
Verwahrung von Verfügungen von Todes wegen Gebühr Ziff. 12100	50 EUR

Vorkaufsrecht Eintragung
    Wert § 51 Abs. 1 S. 2 GNotKG
    Gebühr Ziff. 14121 ....
	1,0

Vormerkung Eintragung
    Wert § 45 Abs. 3 GNotKG
    Gebühr Ziff. 14150 ....
	0,5

Widerspruch Eintragung Gebühr Ziff. 14151	50 EUR

Wohnungs- und Teileigentum
    Eintragung der vertraglichen Einräumung von Sondereigentum
    Wert § 42 Abs. 1 GNotKG
    Gebühr Ziff. 14112 ....
	1,0

C. Notarielle Fachprüfung

I. Gebührensatzung (NotFGebS)

Auf Grund von § 7h Absatz 2 der Bundesnotarordnung (BNotO) hat die Vertreterversammlung der Bundesnotarkammer die folgende Satzung beschlossen:

Satzung über die Gebühren in Angelegenheiten des Prüfungsamtes für die notarielle Fachprüfung bei der Bundesnotarkammer (NotFGebS) vom 30. November 2009 (DNotZ 2009, 881), geändert durch Satzung vom 1. Dezember 2010 (DNotZ 2011, 1):

I. Einleitung

§ 1 Zweck der Satzung

Diese Satzung regelt auf Grund von § 7h Absatz 2 Bundesnotarordnung die Höhe der Gebühren für die notarielle Fachprüfung und das erfolglose Widerspruchsverfahren, die Einzelheiten der Gebührenerhebung sowie die Vergütung des Leiters und der Bediensteten des Prüfungsamtes, der Mitglieder der Aufgabenkommission und der Prüfer.

II. Gebühren

§ 2 Höhe der Prüfungsgebühr

(1) Die Gebühr für die Abnahme der notariellen Fachprüfung beträgt 3 000 Euro.

(2) Neben der Prüfungsgebühr werden Auslagen nicht erhoben.

§ 3 Höhe der Gebühr für erfolglose Widerspruchsverfahren

Die Gebühr für ein erfolgloses Widerspruchsverfahren beträgt

1. wenn sich der Widerspruch gegen eine Entscheidung über den Antrag auf Zulassung zur notariellen Fachprüfung (§ 7a Absatz 1 Bundesnotarordnung) richtet, 375 Euro,
2. wenn sich der Widerspruch gegen eine Entscheidung im Prüfungsverfahren richtet, 750 Euro.

§ 4 Gebührenschuldner

(1) Zur Zahlung der Gebühr ist verpflichtet:
1. im Fall des § 2 derjenige, der die Zulassung zur notariellen Fachprüfung beantragt,
2. im Fall des § 3 derjenige, der den Widerspruch eingelegt hat,
3. in beiden Fällen, wer kraft Gesetzes für die Gebührenschuld eines anderen haftet.

(2) Mehrere Gebührenschuldner haften als Gesamtschuldner.

III. Vergütungen

§ 5 Vergütung des Leiters des Prüfungsamtes

Die Vergütung des Leiters des Prüfungsamtes ist der Besoldung eines Bundesbeamten der Besoldungsgruppe B 3 anzugleichen. Dies umfasst zusätzlich auch die Sicherstellung von Versorgungsanwartschaften und die Absicherung im Krankheits-, Pflege- und Geburtsfall. Abweichend von Satz 1 kann die Vergütung auch der Besoldung eines Bundesbeamten nach Besoldungsgruppe A 16 angeglichen werden.

§ 6 Vergütung der Bediensteten des Prüfungsamtes

(1) Die Vergütung des ständigen Vertreters des Leiters ist der Besoldung eines Bundesbeamten der Besoldungsgruppe A 15 anzugleichen. Dies umfasst zusätzlich auch die Sicherstellung von Versorgungsanwartschaften und die Absicherung im Krankheits-, Pflege- und Geburtsfall. Abweichend von Satz 1 kann die Vergütung auch der Besoldung eines Bundesbeamten nach Besoldungsgruppe A 14 angeglichen werden.

(2) Die Vergütung der übrigen Bediensteten des Prüfungsamtes soll sich an der Entgelttabelle des Tarifvertrages für den öffentlichen Dienst des Bundes (TVöD Bund) in der jeweils gültigen Fassung orientieren. Bei der Eingruppierung sind die individuelle Eignung und Befähigung des Bediensteten sowie Art und Umfang der ihm zugewiesenen Aufgaben zu berücksichtigen.

§ 7 Vergütung der Mitglieder der Aufgabenkommission

(1) Die Mitglieder der Aufgabenkommission erhalten für die Teilnahme an Sitzungen der Aufgabenkommission und an sonstigen Sitzungen und Tagungen ein Tagegeld in Höhe von 50 Euro. Darüber hinaus werden ihre notwendigen Auslagen erstattet.

(2) Für die Tätigkeit als Berichterstatter der Aufgabenkommission bei der Vorbereitung von Aufgabenvorschlägen für die notarielle Fachprüfung erhält ein Mitglied

1. für jeden betreuten Aufgabenvorschlag für die schriftliche Prüfung 100,- €
2. für jeden betreuten Aufgabenvorschlag für den Vortrag in der mündlichen Prüfung 50,- €.

(3) Wird die Aufgabenkommission in einem Widerspruchs- oder Klageverfahren vom Prüfungsamt zur Stellungnahme aufgefordert, erhält das Mitglied, das die Stellungnahme angefertigt hat, eine Vergütung von 50 Euro.

§ 8 Vergütung für die Einreichung von Aufgabenvorschlägen

(1) Ein auf Anforderung des Prüfungsamtes eingereichter Aufgabenvorschlag für eine schriftliche Prüfungsaufgabe wird mit 1 000 Euro vergütet, wenn er umfassende Lösungshinweise enthält und zur Verwendung in der Prüfung geeignet ist. Wird der Aufgabenvorschlag in der notariellen Fachprüfung verwendet, erhöht sich die Vergütung um 500 Euro.

(2) Ein auf Anforderung des Prüfungsamtes eingereichter Aufgabenvorschlag für einen Aktenvortrag wird mit 500 Euro vergütet, wenn er umfassende Lösungshinweise enthält und zur Verwendung in der mündlichen Prüfung geeignet ist. Wird der Aufgabenvorschlag in der notariellen Fachprüfung verwendet, erhöht sich die Vergütung um 250 Euro.

(3) Über die Eignung von Aufgabenvorschlägen zur Verwendung in der Prüfung entscheidet die Aufgabenkommission.

(4) Ein Mitglied der Aufgabenkommission, das einen Aufgabenvorschlag nach Absatz 1 oder Absatz 2 eingereicht hat, darf an der Entscheidung der Aufgabenkommission über die Eignung seines Aufgabenvorschlags nach Absatz 3 nicht mitwirken.

§ 9 Vergütung der Prüfer in der schriftlichen Prüfung

(1) Für die Bewertung einer Aufsichtsarbeit nach § 7b Absatz 2 Satz 1 Bundesnotarordnung beträgt die Vergütung je Prüfer 30 Euro.

(2) Für die Entscheidung nach § 7b Absatz 2 Satz 5 Bundesnotarordnung durch einen weiteren Prüfer beträgt die Vergütung 30 Euro.

(3) Über die Vergütung nach den Absätzen 1 und 2 hinaus sind den Prüfern die notwendigen Auslagen zu erstatten.

(4) Für die Stellungnahme eines Prüfers in einem Widerspruchs- oder Klageverfahren gegen eine Prüfungsentscheidung beträgt die Vergütung 50 Euro.

§ 10 Vergütung der Mitglieder des Prüfungsausschusses

(1) Die Vergütung des Vorsitzenden des Prüfungsausschusses in der mündlichen Prüfung beträgt je Prüfling 80 Euro.

(2) Die Vergütung der übrigen Mitglieder des Prüfungsausschusses beträgt je Prüfling 60 Euro.

(3) Über die Vergütung nach den Absätzen 1 und 2 hinaus sind den Mitgliedern des Prüfungsausschusses die notwendigen Auslagen zu erstatten.

(4) Wird der Prüfungsausschuss in einem Widerspruchs- oder Klageverfahren vom Prüfungsamt zur Stellungnahme aufgefordert, erhält das Mitglied, das die Stellungnahme angefertigt hat, eine Vergütung von 50 Euro.

§ 11 Vergütung der sonstigen am Prüfungsverfahren beteiligten Personen

(1) Die Vergütung einer aufsichtführenden Person in den schriftlichen und mündlichen Prüfungsterminen beträgt 25 Euro je Stunde.

(2) Die Vergütung des örtlichen Prüfungsleiters in den schriftlichen Prüfungsterminen beträgt 50 Euro je Prüfungstag.

(3) Den in den Absätzen 1 und 2 genannten Personen werden zusätzlich zu ihrer Vergütung die notwendigen Auslagen erstattet.

IV. Schlussvorschrift

§ 12 Inkrafttreten

...

II. Satzung über die Zahlung von Aufwandsentschädigungen und Auslagenersatz für die Mitglieder des Verwaltungsrates bei dem Prüfungsamt für die notarielle Fachprüfung bei der Bundesnotarkammer (NotFVES)

§ 1 Zweck der Satzung

Diese Satzung regelt aufgrund von § 2 Abs. 5 Satz 3 Notarfachprüfungsverordnung Voraussetzungen und Höhe der Zahlungen von Aufwandsentschädigungen und Auslagenersatz für die Teilnahme an den Sitzungen des Verwaltungsrates bei dem Prüfungsamt für die notarielle Fachprüfung bei der Bundesnotarkammer (Prüfungsamt).

§ 2 Höhe der Aufwandsentschädigung

Die Mitglieder des Verwaltungsrates erhalten für die Teilnahme an den Sitzungen des Verwaltungsrates und an sonstigen Sitzungen und Tagungen ein Tagegeld nach Maßgabe von § 6 Bundesreisekostengesetz.

§ 3 Erstattungsfähige Auslagen

Über die Aufwandsentschädigung gemäß § 2 hinaus erhalten die Mitglieder des Verwaltungsrates für die Teilnahme an Sitzungen des Verwaltungsrates und an sonstigen Sitzungen und Tagungen Erstattung ihrer notwendigen Auslagen. Als notwendige Auslagen gelten:

1. Reisekosten für die Reise vom Wohnort oder von der Dienststelle des Mitglieds zum Ort der Sitzung und zurück nach Maßgabe von §§ 4 und 5 Bundesreisekostengesetz in der am Tag der Sitzung geltenden Fassung,
2. Übernachtungskosten nach Maßgabe von § 7 Bundesreisekostengesetz in der am Tag der Sitzung geltenden Fassung,
3. sonstige Kosten nach Maßgabe von § 10 Bundesreisekostengesetz in der am Tag ihres Entstehens geltenden Fassung.

§ 4 Voraussetzung der Zahlung

Die Zahlung der Aufwandsentschädigung und der notwendigen Auslagen sind von dem anspruchsberechtigten Mitglied des Verwaltungsrates innerhalb eines Jahres nach der Sitzung beim Prüfungsamt zu beantragen. Über die entstandenen Auslagen sind dem Antrag Belege beizufügen.

§ 5 Inkrafttreten

Diese Satzung tritt am Tag nach der Verkündung in Kraft.

Das Bundesministerium der Justiz hat die vorstehende Satzung mit Schreiben vom 22. November 2010 gemäß § 2 Abs. 5 Satz 3 Notarfachprüfungsverordnung genehmigt.

Die vorstehende Satzung wird hiermit ausgefertigt und wird in der Deutschen Notar-Zeitschrift verkündet.

D. Erbschaft-/Schenkungsteuer

Seit dem 1.1.2009 gilt ein neues Erbschaftssteuerrecht, welches durch das Wachstumsbeschleunigungsgesetz zum 1.1.2010 wieder überarbeitet wurde.

I. Steuerklassen und Freibeträge

Steuerklasse	Begünstigte	Freibetrag in EUR
I	Ehegatten und eingetragene Lebenspartner	500.000; im Erbfall zusätzl. Versorgungsfreibetrag 256.000; selbstgenutztes Wohneigentum bleibt steuerfrei (10-jährige Eigennutzung nach Erbfall erforderlich)
	Kinder, Stiefkinder, Enkelkinder, Stiefenkelkinder, wenn der die Verwandtschaft vermittelnde Elternteil – also das Kind des Erblassers – bereits verstorben ist	400.000; Wohnimmobilie bleibt bis zu 200 qm Wohnfläche steuerfrei, sofern Kinder bzw. Kinder verstorbener Kinder erben
	alle übrigen Enkel und Stiefenkel	200.000
	Urenkel	100.000
	Eltern und Großeltern bei Erbschaften	100.000
II	Eltern und Großeltern bei Schenkungen, Geschwister, Neffen, Nichten, Stiefeltern, Schwiegerkinder, Schwiegereltern, geschiedene Ehegatten, Lebenspartner einer aufgehobenen Lebenspartnerschaft	20.000
III	alle übrigen Beschenkten und Erwerber	20.000

II. Steuersätze

Wert des Vermögens (bisheriger Wert) in EUR	in % je Steuerklasse		
	Steuerkl. I	Steuerkl. II	Steuerkl. III
75.000 (52.000)	7	15	30
300.000 (256.000)	11	20	30
600.000 (512.000)	15	25	30
6.000.000 (5.113.000)	19	30	30
13.000.000 (12.783.000)	23	35	50
26.000.000 (25.565.000)	27	40	50
über 26.000.000 (25.565.000)	30	43	50

E. Sterbetafel 2009/2011

Deutschland
Männlich*

Vollendetes Alter	Durchschnittliche Lebenserwartung in Jahren im Alter x	Vollendetes Alter	Durchschnittliche Lebenserwartung in Jahren im Alter x
x	e_x	x	e_x
0	77,72	25	53,40
1	77,02	26	52,43
2	76,04	27	51,46
3	75,06	28	50,49
4	74,07	29	49,52
5	73,08	30	48,56
6	72,09	31	47,59
7	71,09	32	46,62
8	70,10	33	45,66
9	69,11	34	44,69
10	68,11	35	43,72
11	67,12	36	42,76
12	66,12	37	41,80
13	65,13	38	40,84
14	64,14	39	39,88
15	63,15	40	38,93
16	62,16	41	37,98
17	61,17	42	37,03
18	60,20	43	36,08
19	59,22	44	35,15
20	58,25	45	34,22
21	57,28	46	33,29
22	56,31	47	32,37
23	55,34	48	31,47
24	54,37	49	30,56

*) Ab dem Alter von 92 Jahren handelt es sich bei der Sterbewahrscheinlichkeit um geschätzte Werte.

Sterbetafeln 2009/2011

Vollendetes Alter	Durchschnittliche Lebenserwartung in Jahren im Alter x	Vollendetes Alter	Durchschnittliche Lebenserwartung in Jahren im Alter x
x	e_x	x	e_x
50	29,67	75	10,58
51	28,79	76	9,97
52	27,92	77	9,38
53	27,06	78	8,82
54	26,21	79	8,28
55	25,37	80	7,77
56	24,54	81	7,28
57	23,72	82	6,81
58	22,90	83	6,36
59	22,10	84	5,93
60	21,31	85	5,52
61	20,53	86	5,13
62	19,76	87	4,76
63	18,99	88	4,43
64	18,23	89	4,12
65	17,48	90	3,84
66	16,74	91	3,56
67	16,01	92	3,32
68	15,30	93	3,10
69	14,58	94	2,89
70	13,89	95	2,71
71	13,20	96	2,54
72	12,52	97	2,38
73	11,86	98	2,23
74	11,21	99	2,10
		100	1,98

Hinweis: Eine neue „Allgemeine Sterbetafel" wird jeweils nach Vorliegen der Ergebnisse einer Volkszählung berechnet. Zuletzt wurde die „Allgemeine Sterbetafel 1986/88" im Statistischen Jahrbuch 1991 und in Fachserie 1, Reihe 1. S. 2 veröffentlicht.

© Statistisches Bundesamt, Wiesbaden, 2013

Vervielfältigung und Verbreitung, auch auszugsweise, mit Quellenangabe gestattet.

Sterbetafel 2009/2011

Deutschland
Weiblich*

Vollendetes Alter	Durchschnittliche Lebenserwartung im Alter x in Jahren	Vollendetes Alter	Durchschnittliche Lebenserwartung im Alter x in Jahren
x	e_x	x	e_x
0	82,73	25	58,22
1	81,99	26	57,24
2	81,01	27	56,25
3	80,02	28	55,26
4	79,03	29	54,28
5	78,04	30	53,29
6	77,05	31	52,31
7	76,05	32	51,32
8	75,06	33	50,34
9	74,06	34	49,36
10	73,07	35	48,38
11	72,08	36	47,40
12	71,08	37	46,42
13	70,09	38	45,45
14	69,09	39	44,47
15	68,10	40	43,50
16	67,11	41	42,53
17	66,12	42	41,57
18	65,13	43	40,60
19	64,14	44	39,64
20	63,16	45	38,69
21	62,17	46	37,74
22	61,18	47	36,79
23	60,20	48	35,85
24	59,21	49	34,91

*) Ab dem Alter von 92 Jahren handelt es sich bei der Sterbewahrscheinlichkeit um geschätzte Werte.

Sterbetafeln 2009/2011

Vollendetes Alter	Durchschnittliche Lebenserwartung im Alter x in Jahren	Vollendetes Alter	Durchschnittliche Lebenserwartung im Alter x in Jahren
x	e_x	x	e_x
50	33,98	75	12,60
51	33,06	76	11,87
52	32,13	77	11,15
53	31,22	78	10,45
54	30,31	79	9,78
55	29,41	80	9,13
56	28,51	81	8,51
57	27,62	82	7,91
58	26,73	83	7,34
59	25,84	84	6,80
60	24,96	85	6,29
61	24,10	86	5,81
62	23,23	87	5,37
63	22,38	88	4,96
64	21,53	89	4,58
65	20,68	90	4,25
66	19,84	91	3,94
67	19,01	92	3,68
68	18,18	93	3,43
69	17,35	94	3,19
70	16,53	95	2,97
71	15,72	96	2,78
72	14,92	97	2,60
73	14,13	98	2,43
74	13,36	99	2,28
		100	2,14

Hinweis: Eine neue „Allgemeine Sterbetafel" wird jeweils nach Vorliegen der Ergebnisse einer Volkszählung berechnet. Zuletzt wurde die „Allgemeine Sterbetafel 1986/88" im Statistischen Jahrbuch 1991 und in Fachserie 1, Reihe 1. S. 2 veröffentlicht.

© Statistisches Bundesamt, Wiesbaden, 2013

Vervielfältigung und Verbreitung, auch auszugsweise, mit Quellenangabe gestattet.

F. Anlage zu § 14 Abs. 1 BewG

**Kapitalwert
einer lebenslänglichen Nutzung oder Leistung im Jahresbetrag von
einem Euro für Bewertungsstichtage ab 1. Januar 2013**

Der Kapitalwert ist nach der am 2. Oktober 2012 veröffentlichten Sterbetafel 2009/2011 des Statistischen Bundesamtes unter Berücksichtigung von Zwischenzinsen und Zinseszinsen mit 5,5 Prozent errechnet worden. Der Kapitalwert der Tabelle ist der Mittelwert zwischen dem Kapitalwert für jährlich vorschüssige und jährlich nachschüssige Zahlungsweise.

Vollendetes Lebensalter	Männer Durchschnittliche Lebenserwartung	Kapitalwert	Frauen Durchschnittliche Lebenserwartung	Kapitalwert
0	77,72	18,391	82,73	18,459
1	77,02	18,379	81,99	18,450
2	76,04	18,363	81,01	18,438
3	75,06	18,346	80,02	18,424
4	74,07	18,328	79,03	18,410
5	73,08	18,308	78,04	18,396
6	72,09	18,288	77,05	18,380
7	71,09	18,266	76,05	18,363
8	70,10	18,244	75,06	18,346
9	69,11	18,220	74,06	18,328
10	68,11	18,195	73,07	18,308
11	67,12	18,168	72,08	18,288
12	66,12	18,140	71,08	18,266
13	65,13	18,110	70,09	18,244
14	64,14	18,079	69,09	18,220
15	63,15	18,046	68,10	18,194
16	62,16	18,012	67,11	18,168
17	61,17	17,975	66,12	18,140
18	60,20	17,938	65,13	18,110
19	59,22	17,898	64,14	18,079
20	58,25	17,856	63,16	18,047
21	57,28	17,812	62,17	18,012
22	56,31	17,765	61,18	17,976
23	55,34	17,717	60,20	17,938
24	54,37	17,665	59,21	17,897
25	53,40	17,611	58,22	17,855
26	52,43	17,554	57,24	17,810
27	51,46	17,494	56,25	17,762
28	50,49	17,430	55,26	17,712
29	49,52	17,364	54,28	17,660
30	48,56	17,294	53,29	17,605
31	47,59	17,220	52,31	17,547
32	46,62	17,142	51,32	17,485
33	45,66	17,061	50,34	17,420
34	44,69	16,975	49,36	17,352
35	43,72	16,884	48,38	17,281

Anlage zu § 14 Abs. 1 BewG 52

Vollendetes Lebensalter	Männer		Frauen	
	Durchschnittliche Lebenserwartung	Kapitalwert	Durchschnittliche Lebenserwartung	Kapitalwert
36	42,76	16,789	47,40	17,205
37	41,80	16,689	46,42	17,126
38	40,84	16,584	45,45	17,043
39	39,88	16,473	44,47	16,954
40	38,93	16,358	43,50	16,862
41	37,98	16,237	42,53	16,765
42	37,03	16,109	41,57	16,664
43	36,08	15,975	40,60	16,557
44	35,15	15,837	39,64	16,445
45	34,22	15,691	38,69	16,328
46	33,29	15,539	37,74	16,205
47	32,37	15,380	36,79	16,076
48	31,47	15,217	35,85	15,941
49	30,56	15,044	34,91	15,800
50	29,67	14,867	33,98	15,653
51	28,79	14,683	33,06	15,500
52	27,92	14,492	32,13	15,337
53	27,06	14,294	31,22	15,170
54	26,21	14,090	30,31	14,995
55	25,37	13,879	29,41	14,813
56	24,54	13,661	28,51	14,622
57	23,72	13,435	27,62	14,424
58	22,90	13,200	26,73	14,216
59	22,10	12,960	25,84	13,998
60	21,31	12,713	24,96	13,772
61	20,53	12,458	24,10	13,541
62	19,76	12,196	23,23	13,296
63	18,99	11,923	22,38	13,045
64	18,23	11,643	21,53	12,783
65	17,48	11,354	20,68	12,508
66	16,74	11,058	19,84	12,224
67	16,01	10,754	19,01	11,930
68	15,30	10,447	18,18	11,624
69	14,58	10,123	17,35	11,303
70	13,89	9,801	16,53	10,972
71	13,20	9,467	15,72	10,630
72	12,52	9,125	14,92	10,278
73	11,86	8,782	14,13	9,915
74	11,21	8,431	13,36	9,546
75	10,58	8,079	12,60	9,166
76	9,97	7,727	11,87	8,787
77	9,38	7,376	11,15	8,398
78	8,82	7,032	10,45	8,005
79	8,28	6,690	9,78	7,615
80	7,77	6,358	9,13	7,223
81	7,28	6,030	8,51	6,837
82	6,81	5,708	7,91	6,450
83	6,36	5,392	7,34	6,071

Anlage zu § 14 Abs. 1 BewG

Vollendetes Lebensalter	Männer		Frauen	
	Durchschnittliche Lebenserwartung	Kapitalwert	Durchschnittliche Lebenserwartung	Kapitalwert
84	5,93	5,082	6,80	5,701
85	5,52	4,780	6,29	5,342
86	5,13	4,487	5,81	4,994
87	4,76	4,203	5,37	4,668
88	4,43	3,945	4,96	4,357
89	4,12	3,698	4,58	4,063
90	3,84	3,472	4,25	3,802
91	3,56	3,242	3,94	3,553
92	3,32	3,042	3,68	3,341
93	3,10	2,857	3,43	3,134
94	2,89	2,678	3,19	2,933
95	2,71	2,523	2,97	2,747
96	2,54	2,375	2,78	2,584
97	2,38	2,235	2,60	2,428
98	2,23	2,103	2,43	2,279
99	2,10	1,987	2,28	2,147
100 und darüber	1,98	1,879	2,14	2,022

G. Satzung über die Gebühren in Angelegenheiten des Zentralen Vorsorgeregisters (Vorsorgeregister-Gebührensatzung – VRegGebS)

vom 2. Februar 2005 (DNotZ 2005, 81), geändert durch Satzung vom 2. Dezember 2005 (DNotZ 2006, 2); gesetzliche Grundlage: § 78b BNotO.

§ 1 Gebührenverzeichnis

Für Eintragungen in das Zentrale Vorsorgeregister sowie die Änderung, Ergänzung oder Löschung von Einträgen werden Gebühren nach dem Gebührenverzeichnis der Anlage zu dieser Satzung erhoben. Auslagen werden daneben nicht erhoben.

§ 2 Gebührenschuldner

(1) Zur Zahlung der Gebühren ist verpflichtet:

1. der Antragsteller;
2. derjenige, der für die Gebührenschuld eines anderen kraft Gesetzes haftet.

(2) Mehrere Gebührenschuldner haften als Gesamtschuldner.

§ 3 Fälligkeit

Die Gebühren werden mit der Beendigung der beantragten Amtshandlung fällig.

§ 4 Registrierte Person oder Einrichtung

(1) Wird der Antrag auf Eintragung oder auf Änderung, Ergänzung oder Löschung eines Eintrags von einer bei der Bundesnotarkammer registrierten Person oder Einrichtung für den Vollmachtgeber übermittelt oder im Namen des Vollmachtgebers gestellt, werden nach Maßgabe des Gebührenverzeichnisses (Anlage zu § 1 Satz 1) ermäßigte Gebühren erhoben.

(2) Registrieren lassen können sich Personen oder Einrichtungen, zu deren beruflicher, satzungsgemäßer oder gesetzlicher Tätigkeit es gehört, entsprechende Anträge für den Vollmachtgeber zu übermitteln oder im Namen des Vollmachtgebers zu stellen. Insbesondere können sich Notare, Rechtsanwälte, Betreuungsvereine und Betreuungsbehörden registrieren lassen.

(3) Die Registrierung erfolgt durch Anmeldung bei der Bundesnotarkammer. Bei der Anmeldung hat die Person oder Einrichtung hinreichend ihre Identität und die Erfüllung der Voraussetzungen des Absatzes 2 nachzuweisen. Darüber hinaus hat die Person oder Einrichtung zu erklären, dass sie die Abwicklung des Verfahrens für die Vollmachtgeber, für die sie Anträge übermittelt oder in deren Namen sie Anträge stellt, übernimmt, insbesondere dass sie die Gebührenzahlung auf deren Rechnung besorgt.

(4) Die Registrierung erlischt, wenn die Voraussetzungen des Absatzes 2 nicht mehr vorliegen. Sie erlischt auch, wenn die registrierte Person oder Einrichtung die Abwicklung des Verfahrens für die Vollmachtgeber nicht mehr übernimmt; dies gilt nicht, wenn lediglich die Gebührenzahlung von dem Vollmachtgeber nicht besorgt wird.

(5) Die Bundesnotarkammer kann die Registrierung aufheben, wenn die registrierte Person oder Einrichtung länger als sechs Monate keinen Antrag für einen Vollmachtgeber übermittelt oder im Namen eines Vollmachtgebers gestellt hat.

§ 5 Unrichtige Sachbehandlung

Gebühren, die bei richtiger Behandlung nicht entstanden wären, werden nicht erhoben.

§ 6 Ermäßigung, Absehen von Gebührenerhebung

Die Bundesnotarkammer kann Gebühren ermäßigen oder von der Erhebung von Gebühren absehen, wenn dies durch die besonderen Umstände des Einzelfalls geboten erscheint, insbesondere wenn die volle Gebührenerhebung für den Gebührenschuldner eine unzumutbare Härte darstellen würde oder wenn der mit der Erhebung der Gebühr verbundene Verwaltungsaufwand außer Verhältnis zu der Höhe der zu erhebenden Gebühr stünde.

§ 7 Übergangsregelung

Für die Eintragung von Angaben zu notariell beglaubigten oder beurkundeten Vorsorgevollmachten sowie die Änderung, Ergänzung oder Löschung solcher Eintragungen wird keine Gebühr erhoben, wenn die Eintragung, Änderung, Ergänzung oder Löschung vor dem Inkrafttreten dieser Satzung beantragt wurde.

§ 8 Inkrafttreten

Diese Satzung tritt am 1. März 2005 in Kraft.

Anlage (zu § 1 Satz 1)

Gebührenverzeichnis

Nr.	Gebührentatbestand	Gebührenbetrag
	Vorbemerkung: (1) Die Erhöhungs- und Ermäßigungstatbestände sind nebeneinander anwendbar, soweit nicht ein anderes bestimmt ist. (2) Beantragt ein Bevollmächtigter innerhalb von einem Monat nach Erhalt der Benachrichtigung über eine Eintragung die Änderung oder Löschung des ihn betreffenden Eintrags, so werden für die Änderung oder Löschung des Eintrags von dem Bevollmächtigten keine Gebühren erhoben.	
	1. Persönliche Übermittlung des Antrags	
10	Eintragung einer Vorsorgevollmacht in das Zentrale Vorsorgeregister sowie Änderung, Ergänzung oder Löschung eines Eintrags	18,50 EUR
11	Der Antrag wird elektronisch über eine der hierfür vorgehaltenen technischen Schnittstellen übertragen: Die Gebühr 10 ermäßigt sich um	3,00 EUR
	2. Übermittlung oder Stellung des Antrags durch eine registrierte Person oder Einrichtung (§ 4)	
20	Eintragung einer Vorsorgevollmacht in das Zentrale Vorsorgeregister sowie Änderung, Ergänzung oder Löschung eines Eintrags	16,00 EUR
	Erklärt die registrierte Person oder Einrichtung, die den Antrag auf Eintragung, Änderung, Ergänzung oder Löschung übermittelt oder stellt, dass die Gebühren unmittelbar bei dem Vollmachtgeber erhoben werden sollen, so fällt an Stelle der Gebühr 20 die Gebühr 10 an; der Gebührentatbestand der Nummer 21 einschließlich der Anmerkung zu Nummer 21 finden entsprechende Anwendung.	
21	Der Antrag wird elektronisch über eine der hierfür vorgehaltenen technischen Schnittstellen übertragen: Die Gebühr 20 ermäßigt sich um	5,00 EUR
	Die Gebühr 20 entfällt, wenn der Autrag elektronisch über eine der hierfür vorgehaltenen technischen Schnittstellen übertragen wird und nur die Änderung oder Ergänzung eines bestehenden Eintrags einer Vorsorgevollmacht betrifft.	
	3. Gemeinsame Erhöhungs- und Ermäßigungstatbestände	
	Die Eintragung, Änderung, Ergänzung oder Löschung betrifft mehr als einen Bevollmächtigten oder vorgeschlagenen Betreuer:	

Nr.	Gebührentatbestand	Gebührenbetrag
31	– Die Gebühr 10 und die Gebühr 20 erhöhen sich für jeden weiteren Bevollmächtigten oder vorgeschlagenen Betreuer um	3,00 EUR
32	– Wird der Antrag elektronisch über eine der hierfür vorgehaltenen technischen Schnittstellen automatisiert übertragen, erhöhen sich die Gebühr 10 und die Gebühr 20 in Abweichung von Gebühr 31 für jeden weiteren Bevollmächtigten oder vorgeschlagenen Betreuer um	2,50 EUR
35	Die Gebühr wird durch Lastschrifteinzug gezahlt: Die Gebühr 10 und die Gebühr 20 ermäßigen sich um	2,50 EUR
4. Zurückweisung eines Antrags		
40	Zurückweisung eines Antrags auf Eintragung oder auf Änderung, Ergänzung oder Löschung eines Eintrags	18,50 EUR

H. Übersicht über das Kostenprüfungsverfahren nach den §§ 127 ff. GNotKG

1. Instanz: Kostenprüfungsantrag zum Landgericht	2. Instanz: Beschwerde zum Oberlandesgericht	3. Instanz: Rechtsbeschwerde zum BGH
Einleitung des Verfahrens		
1. Möglichkeit: Antrag des Kostenschuldners an das LG, in dessen Bezirk der Notar seinen Amtssitz hat, auf Aufhebung oder Änderung (Ermäßigung) der Kostenberechnung (§ 127 Abs. 1 S. 1). Antragsberechtigt ist der Kostenschuldner.	**1. Möglichkeit:** Beschwerde gegen die Entscheidung des LG ohne Rücksicht auf den Wert des Beschwerdegegenstandes (§ 129 Abs. 1).	**1. Möglichkeit:** Rechtsbeschwerde gegen die Entscheidung des OLG zum BGH (§ 129 Abs. 2; § 133 GVG).
2. Möglichkeit: Das Kostenprüfungsverfahren ist durch den Notar einzuleiten, wenn er von seiner vorgesetzten Dienstbehörde (LG-Präsident) hierzu angewiesen wird (§ 130 Abs. 2 S. 1). Die hierauf ergehende Entscheidung kann auch auf eine Erhöhung der Kostenberechnung lauten (§ 130 Abs. 2 S. 2). **3. Möglichkeit:** Der Antrag auf Entscheidung des LG kann auch durch den Notar gestellt werden, wenn der Kostenschuldner Beanstandungen bei ihm vorgebracht hat (§ 127 Abs. 1 S. 2).	**2. Möglichkeit:** Die Beschwerde ist durch den Notar zu erheben, wenn er von seiner vorgesetzten Dienstbehörde (LG-Präsident) hierzu angewiesen wird (§ 130 Abs. 2 S. 1). Die hierauf ergehende Entscheidung kann auch auf eine Erhöhung der Kostenberechnung lauten (§ 130 Abs. 2 S. 2). Die Beschwerde bedarf keines Mindestbeschwerdewerts und damit auch keiner Zulassung durch das LG (§ 156 Abs. 3, Abs. 5 S. 3 KostO i.V.m. § 61 FamFG). Die Beschwerde ist beim LG als Ausgangsgericht einzulegen, das der Beschwerde abhelfen kann. Gegen die Abhilfeentscheidung kann der dadurch Beschwerte seinerseits Beschwerde gegen die Abhilfeentscheidung einlegen. Hilft das Landgericht der Beschwerde nicht ab, so legt es sie unverzüglich dem OLG zur Entscheidung vor (§ 130 Abs. 3 S. 1; § 68 Abs. 1 S. 1 FamFG i.V.m. § 119 Abs. 1 Nr. 2 GVG). Die Beschwerde kann auf neue Tatsachen und Beweismittel gestützt werden (§ 130 Abs. 3 S. 1; § 65 Abs. 3 FamFG).	**2. Möglichkeit:** Die Rechtsbeschwerde ist durch den Notar zu erheben, wenn er von seiner vorgesetzten Dienstbehörde (LG-Präsident) hierzu angewiesen wird (§ 130 Abs. 2 S. 1). Die hierauf ergehende Entscheidung kann auch auf eine Erhöhung der Kostenberechnung lauten (§ 130 Abs. 2 S. 2). Unklar ist, ob die Sprungrechtsbeschwerde nach § 75 FamFG vom LG zum BGH unter Überspringung der Beschwerde zum OLG statthaft ist. Beim BGH findet eine reine Rechtsfehlerkontrolle statt (§ 130 Abs. 3 S. 1; § 72 Abs. 1 FamFG).

Übersicht über das Kostenprüfungsverfahren nach den §§ 127 ff. GNotKG

1. Instanz: Kostenprüfungsantrag zum Landgericht	2. Instanz: Beschwerde zum Oberlandesgericht	3. Instanz: Rechtsbeschwerde zum BGH
Form		
Der Kostenprüfungsantrag ist schriftlich oder zu Protokoll der Geschäftsstelle des LG einzulegen (§ 130 Abs. 3 S. 1; § 25 Abs. 1 FamFG).	Die Beschwerde wird durch Einreichung einer Beschwerdeschrift oder zur Niederschrift der Geschäftsstelle bei dem LG eingelegt (§ 130 Abs. 3 S. 1; § 64 Abs. 1, 2 S. 1 FamFG).	Erforderlich ist die Einreichung einer begründeten Beschwerdeschrift beim BGH (§ 130 Abs. 3 S. 1; § 71 FamFG).
Der Verfahrensantrag soll begründet werden (§ 130 Abs. 3 S. 1; § 23 Abs. 1 FamFG). Zwar ist kein bestimmter Sachantrag erforderlich, dem Antragsteller soll es aber im Rahmen seiner Mitwirkungspflicht zugemutet werden, sein Rechtsschutzziel in wenigen Sätzen darzulegen.	Die Beschwerde soll begründet werden; ein bestimmter Sachantrag ist nicht erforderlich (§ 130 Abs. 3 S. 1; § 65 Abs. 1 FamFG). Eine fehlende Begründung führt zwar nicht zur Unzulässigkeit der Beschwerde, der Beschwerdeführer läuft aber Gefahr, dass die Beschwerde als unbegründet zurückgewiesen wird.	
Frist		
Für den Kostenprüfungsantrag besteht keine Frist, lediglich ist er verwirkt, wenn er nach Ablauf des Kalenderjahres, in dem die vollstreckbare Ausfertigung der Kostenberechnung zugestellt wurde, eingelegt wird (§ 127 Abs. 2 S. 1). Soweit die Einwendungen gegen den Kostenanspruch auf Gründen beruhen, die nach der Zustellung der vollstreckbaren Ausfertigung entstanden sind, können sie auch nach Ablauf dieser Frist geltend gemacht werden (§ 127 Abs. 2 S. 2).	Die Beschwerde ist innerhalb einer Frist von einem Monat ab schriftlicher Bekanntgabe des LG-Beschlusses einzulegen (§ 130 Abs. 3 S. 1; § 63 Abs. 1, 3 FamFG).	Die Rechtsbeschwerde ist innerhalb einer Frist von einem Monat ab schriftlicher Bekanntgabe des OLG-Beschlusses einzulegen (§ 130 Abs. 3 S. 1; § 71 Abs. 1 S. 2 FamFG).
Anwalt		
Es besteht kein Anwaltszwang (§ 130 Abs. 3 S. 1; § 10 Abs. 1 FamFG).	Es besteht kein Anwaltszwang (§ 130 Abs. 3 S. 1; § 10 Abs. 1 FamFG).	Anwaltszwang besteht in der Regel für den Kostenschuldner, nicht aber für den Notar (§ 130 Abs. 2; § 10 Abs. 4 S. 1 FamFG).

Übersicht über das Kostenprüfungsverfahren nach den §§ 127 ff. GNotKG

1. Instanz: Kostenprüfungsantrag zum Landgericht	2. Instanz: Beschwerde zum Oberlandesgericht	3. Instanz: Rechtsbeschwerde zum BGH
Einstweiliger Rechtsschutz		
Der Kostenprüfungsantrag hat grds. keine aufschiebende Wirkung; das LG kann jedoch auf Antrag oder von Amts wegen die aufschiebende Wirkung ganz oder teilweise anordnen; ist nicht der Einzelrichter zur Entscheidung berufen, entscheidet der Vorsitzende des Gerichts (§ 130 Abs. 1).	Die Beschwerde hat grds. keine aufschiebende Wirkung; das OLG kann jedoch auf Antrag oder von Amts wegen die aufschiebende Wirkung ganz oder teilweise anordnen; ist nicht der Einzelrichter zur Entscheidung berufen, entscheidet der Vorsitzende des Gerichts (§ 130 Abs. 1).	Die Rechtsbeschwerde hat grds. keine aufschiebende Wirkung; der BGH kann jedoch auf Antrag oder von Amts wegen durch seinen Vorsitzenden die aufschiebende Wirkung ganz oder teilweise anordnen (§ 130 Abs. 1.
Verfahrenskosten		
Das Kostenprüfungsverfahren vor dem LG ist gebührenfrei.	Festgebühr in Höhe von 90 EUR (Nr. 19110 KV). Endet das gesamte Verfahren ohne Endentscheidung, so ermäßigt sich die Gebühr auf 60 EUR (Nr. 19111 KV).	Festgebühr in Höhe von 180 EUR (Nr. 19120 KV). Endet das gesamte Verfahren durch Zurücknahme der Rechtsbeschwerde, bevor die Schrift zur Begründung der Rechtsbeschwerde bei Gericht eingegangen ist, ermäßigt sich die Gebühr auf 60 EUR (Nr. 19121 KV). Endet das gesamte Verfahren durch Zurücknahme der Rechtsbeschwerde oder des Antrags vor Ablauf des Tages, an dem die Endentscheidung der Geschäftsstelle übermittelt wird, ermäßigt sich die Gebühr, wenn nicht Nr. 19121 KV erfüllt ist, auf 90 EUR (Nr. 19122 KV).

Übersicht über das Kostenprüfungsverfahren nach den §§ 127 ff. GNotKG

1. Instanz: **Kostenprüfungsantrag zum Landgericht**	2. Instanz: **Beschwerde zum Oberlandesgericht**	3. Instanz: **Rechtsbeschwerde zum BGH**
Für den Fall, dass der Notar das Kostenprüfungsverfahren auf Anweisung seiner vorgesetzten Dienstbehörde einleiten musste, gilt folgende Besonderheit: Zum einen dürfen von dem Notar keine Gebühren und Auslagen erhoben werden (§ 130 Abs. 2 S. 3). Zum anderen sind außergerichtliche Kosten anderer Beteiligter, die der Notar in diesem Verfahren zu tragen hätte, der Landeskasse aufzuerlegen (§ 130 Abs. 2 S. 4).	Für den Fall, dass der Notar das Beschwerdeverfahren auf Anweisung seiner vorgesetzten Dienstbehörde einleiten musste, gilt folgende Besonderheit: Zum einen dürfen von dem Notar keine Gebühren und Auslagen erhoben werden (§ 130 Abs. 2 S. 3). Zum anderen sind außergerichtliche Kosten anderer Beteiligter, die der Notar in diesem Verfahren zu tragen hätte, der Landeskasse aufzuerlegen (§ 130 Abs. 2 S. 4).	Für den Fall, dass der Notar das Rechtsbeschwerdeverfahren auf Anweisung seiner vorgesetzten Dienstbehörde einleiten musste, gilt folgende Besonderheit: Zum einen dürfen von dem Notar keine Gebühren und Auslagen erhoben werden (§ 130 Abs. 2 S. 3). Zum anderen sind außergerichtliche Kosten anderer Beteiligter, die der Notar in diesem Verfahren zu tragen hätte, der Landeskasse aufzuerlegen (§ 130 Abs. 2 S. 4).

I. Ausführliches Muster einer Kostenberechnung nach § 19 GNotKG

Dr. Eberhard Müller, Notar

Rechnungsnummer: [Kostenregister Nr. ...]

USt-IdNr.: ...
(alternativ: Steuernummer)
[Datum/Adresse]

Eheleute

Paul und Andrea Mustermann

[Adresse]

Kostenberechnung
(§ 19 GNotKG)

Beurkundung des Kaufvertrages der Eheleute Kaufmann/Eheleute Mustermann vom ... (UR-Nr. ...) einschließlich Vollzug und Betreuungstätigkeit

Sehr geehrte Eheleute Mustermann,

für meine Amtstätigkeit berechne ich meine Kosten nach dem Gerichts- und Notarkostengesetz (GNotKG) wie folgt:

Gebühren und Auslagen:

(Bei den Nummern handelt es sich um die Nummern der Anlage 1 zum GNotKG – Kostenverzeichnis – KV GNotKG)

- 21100 (Beurkundungsverfahren) Geschäftswert 240.000 EUR (§§ 47, 50 Nr. 3 Buchst. a, § 97 Abs. 3) 1.070,00 EUR

- 22110, 22112 (Vollzugsgebühr) Geschäftswert 240.000 EUR (§ 112 S. 1) 50,00 EUR

- 22200 (Betreuungsgebühr, *Nummern 2 und 3 der Anmerkung*) Geschäftswert 240.000 EUR (§ 113 Abs. 1, §§ 47, 50 Nr. 3 Buchst. a) 267,50 EUR

- 32001 (Dokumentenpauschale) 15,00 EUR

- 32005 (Telekommunikations- und Postpauschale) 20,00 EUR

- 32011 (Grundbuchabrufgebühren) 8,00 EUR

- Zwischensumme 1.430,50 EUR

- 32014 Umsatzsteuer, 19 % 271,80 EUR

- 32015 Verauslagte Kosten für Negativbescheinigung gemäß § 28 BauGB 20,00 EUR

- Rechnungsbetrag 1.722,30 EUR

Bitte überweisen Sie den Rechnungsbetrag unter Angabe der Rechnungsnummer auf eines der angegebenen Konten.

Aus einer Zahlungsverzögerung können Ihnen Rechtsnachteile entstehen. Ich weise Sie bereits jetzt darauf hin, dass Sie gem. § 88 GNotKG verpflichtet sind, die vorstehend genann-

Ausführliches Muster einer Kostenberechnung nach § 19 GNotKG

ten Gebühren und Auslagen sowie die Umsatzsteuer, insgesamt also 1.722,30 EUR, mit jährlich fünf Prozentpunkten über dem Basiszinssatz nach § 247 BGB zu verzinsen, wenn Ihnen darüber eine vollstreckbare Ausfertigung von dieser Kostenberechnung zugestellt wird; die Verzinsung beginnt einen Monat nach der Zustellung.

Hinweis: Diese Rechnung ist bis zum Ablauf des zweiten auf die Ausstellung der Rechnung folgenden Kalenderjahres aufzubewahren, da die abgerechnete Leistung im Zusammenhang mit einem Grundstück steht (§ 14b Abs. 1 S. 5 Umsatzsteuergesetz).

Rechtsbehelfsbelehrung:

Diese Kostenberechnung kann durch einen Antrag auf gerichtliche Entscheidung beim Landgericht ... (*Anschrift*) angefochten werden. Der Antrag soll begründet werden und ist schriftlich oder zu Protokoll der Geschäftsstelle des Landgerichts einzulegen. Der Antrag kann auch bei mir zur Weitergabe an das Landgericht eingereicht werden. Eine bestimmte Frist ist nicht vorgesehen. Der Antrag muss aber in der Regel bis zum Ablauf des Kalenderjahres, das auf das Jahr folgt, in dem Ihnen eine vollstreckbare Ausfertigung der Kostenberechnung zugestellt ist, gestellt werden.

Mit freundlichen Grüßen

Dr. Eberhard Müller, Notar

Bankverbindung

J. Gebühren- und Geschäftswert-ABC (Stand: 21.5.2013)

Gebührentatbestand	Geschäftswert	Gebührensatz
Abtretung		
– von GmbH-Geschäftsanteilen: siehe bei GmbH		
– von Grundpfandrechten: siehe bei Grundpfandrecht		
– von Kommanditanteilen: siehe bei Kommanditgesellschaft		
Abtretungsanzeige (an Grundpfandrechtsgläubiger über Abtretung der Darlehensauszahlungsansprüche des Käufers an Verkäufer)	Geschäftswert des zugrundeliegenden Kaufvertrags (§ 113 Abs. 2).	0,5 Gebühr (Nr. 22200 Anm. Nr. 5 KV).
Aktiengesellschaft		
– Gründungsvertrag	Betrag des Grundkapitals oder höherer Ausgabewert der Aktien; aber Wert der Einlagen, falls diese höher sind (§ 97 Abs. 1). Ein genehmigtes Kapital (§ 202 Abs. 1 AktG) ist hinzuzurechnen. Höchstwert 10 Mio. EUR (§ 107 Abs. 1 S. 1).	2,0 Gebühr, mind. 120 EUR (Nr. 21100 KV)
– Gründungsvertrag (Satzung) bei Ein-Personen-Aktiengesellschaft	Wie oben	1,0 Gebühr, mind. 60 EUR (Nr. 21200 KV)
– Beschluss über Bestellung des Aufsichtsrates und der Abschlussprüfer	1 % des Grundkapitals, mindestens 30.000 EUR, höchstens 5 Mio. EUR (§ 108 Abs. 1 S. 1, Abs. 4 i.V.m. § 105 Abs. 4 Nr. 1).	2,0 Gebühr, mind. 120 EUR (Nr. 21100)
– Anmeldung zum Handelsregister (Entwurf mit Unterschriftsbeglaubigung)	Einzutragendes Grundkapital. Ein in der Satzung bestimmtes genehmigtes Kapital ist dem Grundkapital hinzuzurechnen (§ 105 Abs. 1 S. 1 Nr. 1). Höchstwert 1 Mio. EUR (§ 106).	0,5 Gebühr, mind. 30 EUR (Nr. 24102 i.V.m. Nr. 21201 Nr. 5 KV i.V.m. § 92 Abs. 2)
– Gründungsprüfung durch Notar	Summe aller Einlagen, höchstens 10 Mio. EUR (§ 123).	1,0 Gebühr, mindestens 1.000 EUR (Nr. 25206 KV)
– Entwurf Protokoll des Gründungsberichts der Gründer, des Gründungsprüfungsberichts des Vorstandes	Je nach Art und Umfang 10 bis 50 % des Ausgangswertes (§ 36 Abs. 1)	Je 1,0 Gebühr, mind. 60 EUR (Nr. 21200 KV i.V.m. Nr. 24201 i.V.m. § 92 Abs. 2)

Gebührentatbestand	Geschäftswert	Gebührensatz
– Beurkundung von Beschlüssen anlässlich einer Hauptversammlung	Wert der Beschlüsse, höchstens 5 Mio. EUR (§ 108 Abs. 1). Hat ein Beschluss einen unbestimmten Geldwert, so beträgt der Geschäftswert 1 % des Grundkapitals, mindestens 30.000 EUR (§§ 108 Abs. 1 S. 1 i.V.m. § 105 Abs. 4 Nr. 1). Für mehrere Beschlüsse ist § 109 Abs. 2 S. 1 Nr. 4. S. 2 zu beachten. Die dort nicht aufgeführten Beschlüsse sind ein verschiedener Beurkundungsgegenstand nach § 86 Abs. 2, ihre Werte sind also gem. § 35 Abs. 1 zu addieren. Hat ein Beschluss einen bestimmten Geldwert, so beträgt der Wert mindestens 30.000 EUR (§ 108 Abs. 1 S. 2 i.V.m. § 105 Abs. 1 S. 2).	2,0 Gebühr (Nr. 21100 KV)
Amtliche Vermittlung einer Auseinandersetzung (nur in einzelnen Bundesländern möglich)	Vorbem. 2.3 Abs. 2 KV bestimmt, dass sich, wenn der Notar nach landesrechtlichen Vorschriften anstelle des Gerichts oder neben diesem die Auseinandersetzung eines Nachlasses oder des Gesamtguts nach Beendigung der ehelichen, lebenspartnerschaftlichen oder fortgesetzten Gütergemeinschaft zu vermitteln hat, die Gebühren nach Teil 1 des Kostenverzeichnisses richten – das sind die Nrn. 12510 ff. Einschlägig ist hierfür nicht Tabelle B, sondern Tabelle A. Der Geschäftswert bestimmt sich gem. § 36 Abs. 4 nach § 66. Geschäftswert in Teilungssachen nach § 342 Abs. 2 Nr. 1 FamFG ist der Wert des den Gegenstand der Auseinandersetzung bildenden Nachlasses oder Gesamtguts oder des von der Auseinandersetzung betroffenen Teils davon (§ 66 S. 1). Die Werte mehrerer selbstständiger Vermögensmassen, die in demselben Verfahren auseinandergesetzt werden, werden zusammengerechnet (§ 66 S. 2). Trifft die Auseinandersetzung des Gesamtguts einer Gütergemeinschaft mit der Auseinanderset-	Verfahren im Allgemeinen: 2,0 Gebühr nach Tabelle A (Nr. 12510 KV). Soweit das Verfahren ohne Bestätigung der Auseinandersetzung beendet wird, ermäßigt sich die Gebühr auf 1,0 nach Tabelle A (Nr. 12511 KV). Soweit das Verfahren vor Eintritt in die Verhandlung durch Zurücknahme oder auf andere Weise erledigt wird, ermäßig sich die Gebühr auf 0,5 nach Tabelle A (Nr. 12512 KV). Gesonderte Gebühren werden gem. Vorbem. 1.2.5.1 Abs. 2 KV erhoben für: ■ die Aufnahme von Vermögensverzeichnissen und Schätzungen, ■ Versteigerungen und ■ das Beurkundungsverfahren, wenn Gegenstand ein Vertrag ist, der mit einem Dritten vor dem Notar zum Zweck der Auseinandersetzung geschlossen wird.

Gebührentatbestand	Geschäftswert	Gebührensatz
	zung des Nachlasses eines Ehegatten oder Lebenspartners zusammen, wird der Wert des Gesamtguts und des übrigen Nachlasses zusammengerechnet (§ 66 S. 3).	
Änderung beurkundeter Erklärungen (Nachtrag)	Wert der Veränderungen des Rechtsverhältnisses, höchstens Wert des Rechtsverhältnisses (auch bei mehreren Änderungen, § 97 Abs. 2). Bei unbestimmtem Wert ist der Geschäftswert nach billigem Ermessen zu bestimmen (§ 36 Abs. 1). Wenn die Änderung selbst einen bestimmten Geldwert hat, so ist dieser maßgebend (§§ 36 Abs. 1, 97 Abs. 1).	Dieselbe Gebühr, die auch für die Beurkundung der geänderten Erklärung angefallen ist, bei Änderung eines Vertrags also 2,0, mind. 120 EUR (Nr. 21100 KV).
Angebot zum Vertragsabschluss	Wert gleich dem des abzuschließenden Vertrages; beim Kaufangebot also § 47.	2,0 Gebühr, mind. 120 EUR (Nr. 21100 KV). Handelt es sich um ein nicht beurkundungspflichtiges Rechtsgeschäft, so fällt lediglich 1,0 Gebühr nach Nr. 21200 KV an, mind. 60 EUR.
Ankaufsrecht	Der Wert eines Ankaufsrechts ist der Wert des Gegenstands, auf den sich das Recht bezieht (§ 51 Abs. 1 S. 1). Ist der so bestimmte Wert nach den besonderen Umständen des Einzelfalls unbillig, kann ein niedrigerer Wert angenommen werden (§ 51 Abs. 3).	2,0 Gebühr, mind. 120 EUR (Nr. 21100). Dabei ist es gleichgültig, ob das Ankaufsrecht als Angebot, aufschiebend bedingter Kaufvertrag oder als Vorvertrag ausgestaltet ist.
Annahme als Kind (Adoption)		
– Antrag des Annehmenden	– Beim minderjährigen Kind: 5.000 EUR (§ 101)	1,0 Gebühr, mind. 60 EUR (Nr. 21200)
	– Beim volljährigen Kind: Der Geschäftswert ist nach billigem Ermessen zu bestimmen, wobei alle Umstände des Einzelfalls, insbesondere des Umfangs und der Bedeutung der Sache und der Vermögens- und Einkommensverhältnisses zu berücksichtigen sind; 1 Mio. EUR darf nicht überschritten werden (§ 36 Abs. 2).	
– Zustimmung zur Annahme als Kind in gesonderter Urkunde	Wie oben	0,5 Gebühr, mind. 30 EUR (Nr. 21201 Nr. 8).

Gebühren- und Geschäftswert-ABC (Stand: 21.5.2013)

Gebührentatbestand	Geschäftswert	Gebührensatz
– Beschaffung Personenstandsurkunden für das Familiengericht durch den Notar	5.000 EUR (Wert des Beurkundungsverfahrens, § 112 S. 1)	0,3 Vollzugsgebühr (Nr. 22111 KV), höchstens jedoch 50 EUR pro eingeholter Urkunde (Nr. 22112 KV i.V.m. Vorbem. 2.2.1.1 Abs. 1 S. 2 Nr. 1 KV).
Annahme eines Vertragsangebotes	Wert gleich dem des abzuschließenden Vertrages; bei der Annahme eines Kaufangebots also § 47.	0,5 Gebühr, mind. 30 EUR (Nr. 21101 Nr. 1 KV).
– mit Zwangsvollstreckungsunterwerfung (etwa bei Annahme durch Käufer)	Annahmeerklärung und Zwangsvollstreckungsunterwerfung sind derselbe Beurkundungsgegenstand (§ 109 Abs. 1 S. 4 Nr. 4).	1,0 Gebühr, mind. 60 EUR (Nr. 21200 KV). Maßgebend ist der höchste Gebührensatz (§ 94 Abs. 2 S. 1).
Anwaltsvergleich		
– Verfahren auf Vollstreckbarerklärung	Ohne Wert	60 EUR (Nr. 23800 KV)
– Erteilung einer vollstreckbaren Ausfertigung		In der Regel gebührenfrei, es sei denn, die Voraussetzungen der Nr. 23803 liegen vor.
Apostille	Ohne Wert.	25 EUR (Nr. 25207 KV).
Aufhebung eines Vertrages	Wert des aufgehobenen Vertrages zzt. der Aufhebung (§§ 97 Abs. 1, 96).	1,0 Gebühr, mind. 60 EUR (Nr. 21102 Nr. 2 KV)
Auflassung		
– Wenn derselbe Notar das zugrundeliegende Rechtsgeschäft beurkundet hat	Der Geschäftswert ist wie bei der Beurkundung des Grundgeschäfts zu bestimmen (z.B. bei Kauf nach § 47).	0,5 Gebühr, mind. 30 EUR (Nr. 21101 Nr. 2 KV).
– Wenn ein anderer Notar das zugrundeliegende Rechtsgeschäft beurkundet hat	Wie oben	1,0 Gebühr, mind. 60 EUR (Nr. 21102 Nr. 1 KV)
– Bei Mitbeurkundung mit Grundgeschäft	Wird Auflassung in einer Urkunde mit Grundgeschäft beurkundet, liegt derselbe Beurkundungsgegenstand vor (§ 109 Abs. 1 S. 1, 2).	
Auseinandersetzung	Auseinandersetzung Gesamthandsgemeinschaft: voller Wert des auseinandergesetzten Vermögens ohne Schuldenabzug (§§ 97 Abs. 1, 38). Aufhebung einer Bruchteilsgemeinschaft: je nach Lage des Falles entweder voller Wert nach § 97 Abs. 1 oder lediglich Wert des höheren der wechselseitig übertragenen Miteigentumsanteile gem. § 97 Abs. 3.	2,0 Gebühr, mind. 120 EUR (Nr. 21100 KV)

Gebührentatbestand	Geschäftswert	Gebührensatz
Ausschlagung der Erbschaft	Wert des betroffenen Vermögens oder des betroffenen Bruchteils nach Abzug der Verbindlichkeiten zum Zeitpunkt der Beurkundung (§ 103). Bei einem überschuldeten Nachlass ist von einem Wert 0 auszugehen.	Bei Beurkundung oder Entwurf mit Unterschriftsbeglaubigung: 0,5 Gebühr, mind. 30 EUR (Nr. 21201 Nr. 7 KV i.V.m. Nr. 24102 KV i.V.m. § 92 Abs. 2). Bei reiner UB: 0,2 Gebühr, mind. 20 EUR, höchstens 70 EUR (Nr. 25100).
Ausschluss der Auseinandersetzung einer Bruchteilsgemeinschaft: siehe Gemeinschaftsaufhebungsverbot		
Auswärtstätigkeit		50 EUR für jede angefangene halbe Stunde der Abwesenheit (Nr. 26002 KV). Nimmt der Notar mehrere Geschäfte vor, so entsteht die Gebühr nur einmal; sie ist dann auf die einzelnen Geschäfte unter Berücksichtigung der für jedes Geschäft aufgewandten Zeit angemessen zu verteilen (Abs. 1 der Anm. zu Nr. 26002 KV). Neben dieser Gebühr wird kein Tages- und Abwesenheitsgeld nach Nr. 32008 KV erhoben (Abs. 3 der Anm. zu Nr. 26002 KV). Betrifft die Auswärtstätigkeit ausschließlich eine Verfügung von Todes wegen oder eine Vorsorgeverfügung, so beschränkt sich die Auswärtsgebühr auf 50 EUR (Nr. 26003 KV).
Beglaubigung von Ablichtungen und Ausdrucken	Ohne Wert	1 EUR für jede angefangene Seite, mind. 10 EUR (Nr. 25102 KV). Neben der Gebühr wird keine Dokumentenpauschale erhoben (Abs. 1 der Anm. zu Nr. 25102 KV). Die Gebühr wird nicht erhoben für die Erteilung beglaubigter Kopien oder Ausdrucke der vom Notar aufgenommenen oder in Urschrift in seiner dauernden Verwahrung befindlichen Urkunden (Abs. 2 Nr. 1 der Anm. zu Nr. 25102 KV). Des Weiteren wird die Gebühr nicht erhoben für die Erteilung beglaubigter Kopien vorgelegter Vollmachten und Ausweise über die

Gebührentatbestand	Geschäftswert	Gebührensatz
		Berechtigung eines gesetzlichen Vertreters, die der vom Notar gefertigten Niederschrift gem. § 12 BeurkG beizulegen sind (Abs. 2 Nr. 2 der Anm. zu Nr. 25102 KV). Einer Kopie steht ein in ein elektronisches Dokument übertragenes Schriftstück gleich (Abs. 3 der Anm. zu Nr. 25102).
Beglaubigung einer Unterschrift oder eines Handzeichens	Der Geschäftswert bestimmt sich nach den für die Beurkundung geltenden Vorschriften (§ 121).	0,2 Gebühr, mind. 20 EUR, höchstens 70 EUR (Nr. 25100 KV). Findet die Beglaubigung unter einen vom Notar gefertigten Entwurf statt, und erfolgt sie demnächst, so entsteht neben der Entwurfsgebühr für die erstmaligen Beglaubigungen, die an ein- und demselben Tag erfolgen, keine Beglaubigungsgebühren (Abs. 1 der Anm. zu Nr. 25100 KV i.V.m. Vorbem. 2.4.1 Abs. 2 KV). Mit der Gebühr ist die Beglaubigung mehrerer Unterschriften oder Handzeichen abgegolten, wenn diese in einem einzigen Vermerk erfolgt (Abs. 2 der Anm. zu Nr. 25100 KV). Die Beglaubigungsgebühr beträgt jedoch lediglich 20 EUR gem. Nr. 25101 KV, wenn die Beglaubigung betrifft: eine Erklärung, für die nach den Staatsschuldbuchgesetzen eine öffentliche Beglaubigung vorgeschrieben ist, oder eine Zustimmung gem. § 27 GBO sowie einen damit verbundenen Löschungsantrag gem. § 13 GBO oder den Nachweis der Verwaltereigenschaft gem. § 26 Abs. 3 WEG.
– Versendung an Dritte	Ohne Wert	20 EUR (Nr. 22124 KV)
– Vollzug	Derjenige Wert, der maßgeblich wäre, wenn diese Urkunde Gegenstand eines Beurkundungsverfahrens wäre (§ 112 S. 2).	1,0 Gebühr für die in Vorbem. 2.2.1.1 Abs. 1 S. 2 genannten Tätigkeiten, wenn die Gebühr für ein die Urkunde betreffendes Beurkundungsverfahren 2,0 betragen würde (Nr. 22120 KV). 0,5 Gebühr für die in Vorbem. 2.2.11 Abs. 1 S. 2 genannten Tätigkeiten, wenn die Gebühr für ein die Urkunde betreffendes Beur-

Gebührentatbestand	Geschäftswert	Gebührensatz
		kundungsverfahren weniger als 2,0 betragen würde (Nr. 22121 KV).
Benutzungsregelung unter Miteigentümern (§ 1010 BGB)	30 % des von der Beschränkung betroffenen Gegenstands (§ 51 Abs. 2). Ist der so bestimmte Wert nach den besonderen Umständen des Einzelfalls unbillig, kann ein höherer oder ein niedrigerer Wert angenommen werden (§ 51 Abs. 3).	Grds. 2,0 Gebühr nach Nr. 21100 KV, mind. 120 EUR; bei Mitbeurkundung im Kaufvertrag nur einmaliger Gebührenansatz für Kauf und Benutzungsregelung aus zusammengerechnetem Wert (§§ 86 Abs. 2, 35 Abs. 1)
Beratung	Der Geschäftswert für eine allgemeine Beratung bestimmt sich nach der allgemeinen Geschäftswertvorschrift des § 36. Könnte der Beratungsgegenstand auch Beurkundungsgegenstand sein, wird die Bestimmung nach billigem Ermessen dazu führen, dass der Geschäftswert mit dem im Fall einer Beurkundung identisch ist (Begr. RegE, BT-Drs. 17/11471, S. 230).	0,3 bis 1,0 Gebühr (Nr. 24200 KV). 0,3 bis 0,5 Gebühr, wenn der Beratungsgegenstand auch Beurkundungsgegenstand sein könnte und die Beurkundungsgebühr 1,0 betragen würde (Nr. 24201 KV). 0,3 Gebühr, wenn der Beratungsgegenstand auch Beurkundungsgegenstand sein könnte und die Beurkundungsgebühr weniger als 1,0 betragen würde (Nr. 24202 KV). Die Beratungsgebühr entsteht nur für eine Beratung, soweit der Beratungsgegenstand nicht Gegenstand eines anderen gebührenpflichtigen Verfahrens oder Geschäfts ist (Abs. 1 der Anm. zu Nr. 24200 KV). Soweit derselbe Gegenstand demnächst Gegenstand eines anderen gebührenpflichtigen Verfahrens oder Geschäfts ist, ist die Beratungsgebühr auf die Gebühr für das andere Verfahren oder Geschäft anzurechnen (Abs. 2 der Anm. zu Nr. 24200 KV). Der Notar bestimmt die Gebühr aus dem Rahmen im Einzelfall unter Berücksichtigung des Umfangs der erbrachten Leistung nach billigem Ermessen (§ 92 Abs. 1).
	Betrifft die Beratung die Vorbereitung oder Durchführung einer Hauptversammlung oder Gesellschafterversammlung, so bemisst sich der Geschäftswert nach der Summe der Geschäftswerte für die Beurkundung der in der Ver-	0,5 bis 2,0 Gebühr (Nr. 24203 KV). Die Gebühr entsteht, soweit der Notar die Gesellschaft über die im Rahmen eines Beurkundungsverfahrens bestehenden Amtspflichten hinaus berät (Anm. zu Nr. 24203 KV).

Gebührentatbestand	Geschäftswert	Gebührensatz
	sammlung zu fassenden Beschlüsse; er beträgt aber höchstens 5 Mio. EUR (§ 120).	Der Notar bestimmt die Gebühr aus dem Rahmen im Einzelfall unter Berücksichtigung des Umfangs der erbrachten Leistung nach billigem Ermessen (§ 92 Abs. 1).
		Diese spezielle Beratungsgebühr kann auch neben einer Gebühr für die Beurkundung Haupt- oder Gesellschafterversammlung anfallen.
		Hat die allgemeine Beratung innerhalb eines Beurkundungsverfahrens durch persönliche oder schriftliche Beratung des Notars stattgefunden, und kommt es daraufhin nicht zur Beurkundung wegen vorzeitiger Beendigung des Beurkundungsverfahrens, so erhält der Notar eine Gebühr in Höhe der jeweiligen Beratungsgebühr (Nr. 21301 KV). Hierfür kann auf die vorstehenden Ausführungen zur allgemeinen Beratung verwiesen werden.
		Ein Beratungsauftrag ist nicht erforderlich, vielmehr reicht ein Beurkundungsauftrag aus.
		Vorzeitige Beendigung des Beurkundungsverfahrens liegt vor, wenn vor Unterzeichnung der Niederschrift durch den Notar der Beurkundungsauftrag zurückgenommen oder zurückgewiesen wird oder der Notar feststellt, dass nach seiner Überzeugung mit der beauftragten Beurkundung aus Gründen, die nicht in seiner Person liegen, nicht mehr zu rechnen ist (Vorbem. 2.1.3 Abs. 1 S. 1 KV). Wird das Verfahren länger als 6 Monate nicht mehr betrieben, ist in der Regel nicht mehr mit der Beurkundung zu rechnen (Vorbem. 2.1.3 Abs. 1 S. 2 KV).
		Führt der Notar nach der vorzeitigen Beendigung des Beurkundungsverfahrens demnächst auf der Grundlage der Beratung ein erneutes Beurkundungsverfahren durch, wird die Beratungsgebühr auf die Gebühr für das erneute Beurkundungsverfahren angerechnet (Vorbem. 2.3.1 Abs. 2 KV).

Gebühren- und Geschäftswert-ABC (Stand: 21.5.2013)

Gebührentatbestand	Geschäftswert	Gebührensatz
Bescheinigungen		
– Legitimationsprüfung (Identifizierung)	Hilfswert 5.000 EUR (§ 36 Abs. 3). Grds. bestimmt sich der Geschäftswert bei nichtvermögensrechtlichen Angelegenheiten unter Berücksichtigung aller Umstände des Einzelfalls, insbesondere des Umfangs und der Bedeutung der Sache und der Vermögens- und Einkommensverhältnisse der Beteiligten nach billigem Ermessen; er beträgt höchstens 1 Mio. EUR.	1,0 Gebühr (Nr. 25104 KV).
– Lebensbescheinigung	Wie oben	1,0 Gebühr (Nr. 25104 KV)
– Gesellschafterliste nach § 40 Abs. 2 S. 2 GmbHG	Der Geschäftswert ist wie bei der Beurkundung zu bestimmen (§ 113 Abs. 1).	0,5 (Nr. 22200 Anm. Nr. 6 KV). Die Gebühr fällt an, wenn Umstände außerhalb der Urkunde zu prüfen sind. Es ist zu beachten, dass die Betreuungsgebühr Nr. 22200 KV in demselben notariellen Verfahren nur einmal erhoben wird (§ 93 Abs. 1 S. 1).
– Rangbescheinigung: siehe gesondertes Hauptstichwort „Rangbescheinigung"		
– Satzungsbescheinigung gem. § 54 GmbHG: siehe bei GmbH		
– Tatsachenbescheinigungen	Wirtschaftliche Bedeutung der Bescheinigung für Antragsteller (§ 36 Abs. 1)	1,0 Gebühr (Nr. 25104 KV)
– Vertretungsbescheinigung	Ohne Wert	15 EUR für jedes Registerblatt, dessen Einsicht zur Erteilung nach § 21 BNotO erforderlich ist (Nr. 25200 KV).
– über Vorlage einer Privaturkunde	Ohne Wert	20 EUR (Nr. 25103 KV)
Betreuungsverfügung	Hilfswert 5.000 EUR (§ 36 Abs. 3). Grds. bestimmt sich der Geschäftswert bei nichtvermögensrechtlichen Angelegenheiten unter Berücksichtigung aller Umstände des Einzelfalls, insbesondere des Umfangs und der Bedeutung der Sache und der Vermögens- und Einkommensverhältnisse der Beteiligten nach billigem Ermessen; er beträgt höchstens 1 Mio. EUR. Bei Zusammenbeurkundung mit Vorsorgevollmacht siehe dort.	1,0 Gebühr, mind. 60 EUR (Nr. 21200 KV)

Gebührentatbestand	Geschäftswert	Gebührensatz
Bezugsurkunde: siehe Verweisungsurkunde		
Bürgschaft		
– mit Schuldanerkenntnis – nur Bürgschaft	Wert ist Bürgschaftssumme; Bürgschaft und Schuldanerkenntnis sind derselbe Beurkundungsgegenstand gem. § 109 Abs. 1 S. 1–3.	1,0 Gebühr, mind. 60 EUR (Nr. 21200 KV)
Dienstbarkeit	Der Geschäftswert für eine vertraglich bestellte Dienstbarkeit bestimmt sich gem. § 97 Abs. 3 entweder nach der Entschädigungszahlung des Berechtigten oder nach dem höheren Wert der Dienstbarkeit. Dienstbarkeiten werden, gleichgültig ob es sich um Grunddienstbarkeiten oder beschränkte persönliche Dienstbarkeiten handelt, grds. nach § 52 bewertet. Im Einzelfall kann auch die allgemeine Geschäftswertvorschrift des § 36 Abs. 1, 3 heranzuziehen sein. In einem Veräußerungsvertrag bestellte Grunddienstbarkeiten sind ein verschiedener Beurkundungsgegenstand (§ 110 Nr. 2b). Ansonsten gilt: Dienstbarkeiten im Kaufvertrag, die der Käufer dem Verkäufer oder Dritten einräumt, dem Kaufpreis als weitere Leistung gem. § 47 S. 2 hinzuzurechnen, wenn sie nicht Vertragsbedingungen sichern, z.B. Unterlassungsdienstbarkeit, die eine Nutzungsbeschränkung sichert; Dienstbarkeiten im Kaufvertrag, die der Verkäufer dem Käufer einräumt, werden dem Kaufpreis nicht hinzugerechnet.	Grds. fällt für die Beurkundung oder für die Entwurfsfertigung mit Unterschriftsbeglaubigung eine 0,5 Gebühr nach Nr. 21201 Nr. 4 KV an, die mind. 30 EUR beträgt (ggf. i.V.m. Nr. 24102 KV i.V.m. § 92 Abs. 2). Gehen die beurkundeten oder entworfenen Erklärungen über die Grundbucherklärungen hinaus, weil sie entweder die sachenrechtliche Einigung oder das zugrunde liegende Verpflichtungsgeschäft enthalten, so fällt eine 2,0 Gebühr an, die mind. 120 EUR beträgt (Nr. 21100 KV).
Dolmetscher: siehe Fremde Sprache		
Ehevertrag		
– Vereinbarung der Gütertrennung oder Gütergemeinschaft	§ 100 Abs. 1: Der Geschäftswert ist die Summe der Werte des gegenwärtigen Vermögens beider Ehegatten. Betrifft der Ehevertrag nur das Vermögen eines Ehegatten, ist nur dessen Vermögen maßgebend. Bei Ermittlung des	20/10-Gebühr (§ 36 Abs. 2)

Gebührentatbestand	Geschäftswert	Gebührensatz
	Vermögens werden Verbindlichkeiten bis zur Hälfte des maßgeblichen Werts abgezogen. Verbindlichkeiten eines Ehegatten werden nur von seinem Vermögen abgezogen. § 100 Abs. 2: Betrifft der Ehevertrag nur bestimmte Vermögenswerte, auch wenn sie dem Anfangsvermögen hinzuzurechnen wären, oder bestimmte güterrechtliche Ansprüche, so ist deren Wert, höchstens jedoch der Wert nach § 100 Abs. 1 maßgebend. § 100 Abs. 3: Betrifft der Ehevertrag Vermögenswerte, die noch nicht zum Vermögen des Ehegatten gehören, werden sie mit 30 % ihres Werts berücksichtigt, wenn sie im Ehevertrag konkret bezeichnet sind.	
– Gütertrennung in Scheidungsvereinbarung	Wie oben. Eine anlässlich der Vermögensauseinandersetzung mitbeurkundete Grundstücksübertragung hat einen verschiedenen Beurkundungsgegenstand (§ 111 Nr. 2). Die übrigen Regelungsgegenstände einer Scheidungsvereinbarung oder eines Ehevertrages (Unterhaltsverzicht, Ausschluss Versorgungsausgleich und dergleichen, s. unten) haben ebenfalls einen verschiedenen Beurkundungsgegenstand nach § 111 Nr. 2.	2,0 Gebühr, mind. 120 EUR (Nr. 21100 KV)
– Modifizierung des gesetzlichen Güterstandes	Grundsätzlich wie nach erstem Anstrich zu bewerten. Beschränkt sich die Modifizierung auf einer Befreiung von den Beschränkungen der §§ 1365, 1369 BGB, so beträgt der Geschäftswert nur 30 % des von der Beschränkung betroffenen Gegenstands (§ 51 Abs. 2).	2,0 Gebühr, mind. 120 EUR (Nr. 21100 KV)
– Vereinbarungen zum Versorgungsausgleich	Schließen die Ehegatten den Versorgungsausgleich aus (vgl. § 6 Abs. 1 S. 1 Nr. 2 VersAusglG), so wird man bei annähernd gleichen Anwartschaften den Hilfswert in Höhe von 5.000 EUR ansetzen können (§ 36 Abs. 3).	Grds. 2,0 Gebühr, mind. 120 EUR, nach Nr. 21100 KV bei gesonderter Beurkundung; bei Mitbeurkundung in Ehevertrag oder Scheidungsvereinbarung ist jedoch für den ganzen Vertrag die 2,0 Gebühr nach Nr. 21100 KV nur einmal anzusetzen, jedoch aus dem zusammengerechneten Wert (§ 35 Abs. 1).

Gebühren- und Geschäftswert-ABC (Stand: 21.5.2013)　　76

Gebührentatbestand	Geschäftswert	Gebührensatz
– Gegenseitiger Unterhaltsverzicht	Es liegt ein Austauschvertrag i.S.d. § 97 Abs. 3 vor, angesetzt werden darf daher nur der höchste der beiden Verzichte. Die Berechnung erfolgt nach § 52 Abs. 2, 6. Bei der Bewertung des Jahresbetrages kommt es darauf an, ob sich der Verzicht auf sichere oder auf nur mögliche Unterhaltsansprüche bezieht; Letztere sind unter Berücksichtigung des Eintritts der Unterhaltspflicht und der denkbaren Unterhaltshöhe nach § 36 Abs. 1, 3 zu schätzen.	Wie vor
– Vereinbarungen zum Kindesunterhalt	Maßgeblich ist § 52 Abs. 2, 6. Die Berechnung erfolgt für jedes Kind gesondert.	Wie vor
– Gegenseitiger Erb- und Pflichtteilsverzicht	Es liegt ein Austauschvertrag i.S.d. § 97 Abs. 3 vor, angesetzt werden darf daher nur der höchste der beiden Verzichte. Zur Bewertung des Erb- und Pflichtteilsverzicht siehe in dieser Übersicht unter den eigenständigen Schlagwörtern.	Wie vor
– Gemeinsames Scheidungsbegehren	Hilfswert 5.000 EUR (§ 36 Abs. 3). Grds. bestimmt sich der Geschäftswert bei nichtvermögensrechtlichen Angelegenheiten unter Berücksichtigung aller Umstände des Einzelfalls, insbesondere des Umfangs und der Bedeutung der Sache und der Vermögens- und Einkommensverhältnisse der Beteiligten nach billigem Ermessen; er beträgt höchstens 1 Mio. EUR.	Wie vor
– Regelung der elterlichen Sorge	Wie vor	Wie vor
– Regelung zum Umgangsrecht	Wie vor	Wie vor
– Regelung über die Teilung des Hausrates	Bei konkreter Verteilungsregelung ist der Wert des Hausrats gem. § 97 Abs. 1 maßgebend. Ggfs. ist nach § 36 Abs. 1, 3 zu schätzen. Eine feststellende Erklärung, dass der Hausrat bereits geteilt ist, führt nicht zu einem Geschäftswertansatz 0, sondern ist wegen des Interesses an der Klarstellung gem. § 36 Abs. 3 mit höchstens 5.000 EUR zu bewerten (Zu § 30 Abs. 1, 2 KostO: OLG Hamm JurBüro 2011, 92 = ZNotP 2011, 317).	Wie vor

Gebührentatbestand	Geschäftswert	Gebührensatz
– Vereinbarung über Ehewohnung	…	Wie vor
– Alleinige Übernahme der gesamten Scheidungskosten durch einen Ehegatten	Hälfte der Scheidungskosten (§ 97 Abs. 1)	Wie vor
– Rechtswahl	Bei der Beurkundung einer Rechtswahl, die die allgemeinen oder güterrechtlichen Wirkungen der Ehe betrifft, beträgt der Geschäftswert 30 % des Werts, der sich in entsprechender Anwendung des § 100 ergibt (§ 104 Abs. 1). Zur Anwendung des § 100 s. erster Anstrich. Bei der Beurkundung einer Rechtswahl in sonstigen Fällen beträgt der Geschäftswert 30 % des Geschäftswerts für die Beurkundung des Rechtsgeschäfts, für das die Rechtswahl bestimmt ist. Die Rechtswahl ist stets ein besonderer Beurkundungsgegenstand (§ 111 Nr. 4).	Wie vor
Eidesstattliche Versicherung		
– Allgemein	Wirtschaftliche Bedeutung der Sache für den Antragsteller (§ 36 Abs. 1); fehlt ein Anhaltspunkt für eine Schätzung, kommt Hilfswert nach § 36 Abs. 3 i.H.v. 5.000 EUR in Betracht.	1,0 Gebühr (Nr. 23300 KV). Die mit der Tätigkeit verbundene Niederschrift wird durch die Gebühr mit abgegolten (Vorbem. 2.3 Abs. 1 S. 1 KV). Erledigt sich das Verfahren vorzeitig, so ermäßigt sich die Gebühr auf 0,3 (Nr. 23301 KV).
– in Erbscheinsanträgen	Wert des Nachlasses im Zeitpunkt des Erbfalls; vom Erblasser herrührende Verbindlichkeiten werden abgezogen (§ 40 Abs. 1 S. 1, 2). Ist in dem Erbschein lediglich die Hoferbfolge zu bescheinigen, ist Geschäftswert der Wert des Hofs; abweichend von § 40 S. 2 werden nur die auf dem Hof lastenden Verbindlichkeiten mit Ausnahme der Hypotheken, Grund- und Rentenschulden (§ 15 Abs. 2 der Höfeordnung) abgezogen (§ 40 Abs. 1 S. 3, 4). Geht es nur um das Erbrecht eines Miterben, bestimmt sich der Geschäftswert nur nach dem Anteil dieses Miterben (§ 40 Abs. 2 S. 1). Entsprechendes gilt, wenn	1,0 Gebühr (Nr. 23300 KV). Mitbeurkundeter Grundbuchberichtigungsantrag ist gesondert zu berechnen (Vorbem. 2.3.3 Abs. 2 KV; Anm. zu Nr. 21201 KV). Erledigt sich das Verfahren vorzeitig, so ermäßigt sich die Gebühr auf 0,3 (Nr. 23301 KV).

Gebühren- und Geschäftswert-ABC (Stand: 21.5.2013)

Gebührentatbestand	Geschäftswert	Gebührensatz
	ein weiterer Miterbe einer bereits beurkundeten eidesstattlichen Versicherung beitritt (§ 40 Abs. 2 S. 2). Erstrecken sich die Wirkungen eines Erbscheins nur auf einen Teil des Nachlasses, bleiben diejenigen Gegenstände, die von der Erbscheinswirkung nicht erfasst werden, bei der Berechnung des Geschäftswerts außer Betracht; Nachlassverbindlichkeiten werden nicht abgezogen (§ 40 Abs. 3 S. 1). Macht der Kostenschuldner glaubhaft, dass der Geschäftswert nach § 40 Abs. 1 niedriger ist, so ist dieser maßgebend (§ 40 Abs. 3 S. 2). In einem Verfahren, dass ein Zeugnis über die Ernennung eines Testamentsvollstreckers betrifft, beträgt der Geschäftswert 20 % des Nachlasses im Zeitpunkt des Erbfalls, wobei Nachlassverbindlichkeiten nicht abgezogen werden; die Absätze 2 und 3 des § 40 sind entsprechend anzuwenden (§ 40 Abs. 5).	
Einsichtnahme in das elektronische Handelsregister und Grundbuch		Es handelt sich um Auslagen, die gem. Nr. 32011 KV in voller Höhe, wie sie nach dem JVKostG anfallen, an den Kostenschuldner weitergegeben werden (zzgl. Umsatzsteuer). Sie betragen bei GB-Einsicht 8 EUR pro Abruf und bei HR-Einsicht 4,50 EUR.
Elektronischer Rechtsverkehr		
– Elektronische Beglaubigung	Ohne Wert	1 EUR für jede angefangene Seite, mind. 10 EUR (Nr. 25102 KV). Neben der Gebühr wird keine Dokumentenpauschale erhoben (Abs. 1 der Anm. zu Nr. 25102 KV). Die Gebühr wird nicht erhoben für die Erteilung beglaubigter Kopien oder Ausdrucke der vom Notar aufgenommenen oder in Urschrift in seiner dauernden Verwahrung befindlichen Urkunden (Abs. 2 Nr. 1 der Anm. zu Nr. 25102 KV). Des Weiteren wird die Gebühr nicht erhoben für die Erteilung beglaubigter Kopien vorgelegter Voll-

Gebühren- und Geschäftswert-ABC (Stand: 21.5.2013)

Gebührentatbestand	Geschäftswert	Gebührensatz
		machten und Ausweise über die Berechtigung eines gesetzlichen Vertreters, die der vom Notar gefertigten Niederschrift gem. § 12 BeurkG beizulegen sind (Abs. 2 Nr. 2 der Anm. zu Nr. 25102 KV). Einer Kopie steht ein in ein elektronisches Dokument übertragenes Schriftstück gleich (Abs. 3 der Anm. zu Nr. 25102 KV).
– Erstellen der XML-Strukturdaten	Wert des zugrunde liegenden Beurkundungsverfahrens (§ 112 S. 1). Liegt der zu vollziehenden Urkunde kein Beurkundungsverfahren zugrunde, ist der Geschäftswert derjenige Wert, der maßgeblich wäre, wenn diese Urkunde Gegenstand eines Beurkundungsverfahrens wäre.	0,3 Gebühr, höchstens 250 EUR (Nr. 22114 KV), wenn der Notar eine Gebühr für das Beurkundungsverfahren oder für die Fertigung eines Entwurfs erhält, die das zugrunde liegende Geschäft betrifft (Vorbem. 2.2.1.1 Abs. 1 S. 1 KV). 0,6 Gebühr, höchstens 250 EUR, wenn der Notar keine Gebühr für das Beurkundungsverfahren oder für die Fertigung eines Entwurfs erhalten hat, die das zu vollziehende Geschäft betrifft (Vorbem. 2.2.1.2 Nr. 1 KV). Die Gebühr 0,3 Gebühr bzw. 0,6 Gebühr entsteht neben zusätzlich zur allgemeinen Vollzugsgebühr (Anm. zu Nr. 22114 KV bzw. Anm. zu Nr. 22125 KV).
– Übermittlung der elektronischen Dateien	.	Es handelt sich um Auslagen i.S. einer Dokumentenpauschale nach Nr. 32002 KV. Sie beträgt ohne Rücksicht auf die Größe der Vorlage je Datei 1,50 EUR für die in einem Arbeitsgang überlassenen, bereitgestellten oder in einem Arbeitsgang auf denselben Datenträger übertragenen Dokumente, insgesamt höchstens 5 EUR. Werden zum Zweck der Überlassung von elektronisch gespeicherten Dateien Dokumente zur auf Antrag von der Papierform in die elektronische Form übertragen, beträgt die Dokumentenpauschale nicht weniger, als die Dokumentenpauschale im Fall der Nr. 32000 für eine Schwarz-Weiß-Kopie betragen würde (Anm. zu Nr. 32002 KV).

Gebührentatbestand	Geschäftswert	Gebührensatz
Entwurf		
– Außerhalb eines Beurkundungsverfahrens	Wert, der bei einer Beurkundung maßgeblich wäre (§ 119 Abs. 1)	0,5 bis 2,0 Gebühr, mind. 120 EUR, wenn die Gebühr für das Beurkundungsverfahren 2,0 betragen würde (Nr. 24100 KV). 0,3 bis 1,0 Gebühr, mind. 60 EUR, wenn die Gebühr für das Beurkundungsverfahren 1,0 betragen würde (Nr. 24101). 0,3 bis 0,5 Gebühr, mind. 30 EUR, wenn die Gebühr für das Beurkundungsverfahren 0,5 betragen würde (Nr. 24102). Die Gebühren entstehen, wenn außerhalb eines Beurkundungsverfahrens ein Entwurf für ein bestimmtes Rechtsgeschäft oder eine bestimmte Erklärung im Auftrag eines Beteiligten gefertigt worden ist (Vorbem. 2.4.1 Abs. 1 S. 1 KV). Bei vollständiger Erstellung des Entwurfs ist die Höchstgebühr des Gebührenrahmens anzusetzen (§ 92 Abs. 2). Ansonsten bestimmt der Notar die Gebühr aus dem Rahmen im Einzelfall unter Berücksichtigung des Umfangs der erbrachten Leistung nach billigem Ermessen (§ 92 Abs. 1). Entwurfsgebühren entstehen nicht, wenn der Entwurf im Rahmen einer Vollzugs- oder Betreuungstätigkeit gefertigt worden ist, und der Notar hierfür eine Vollzugs-Betreuungs- oder Treuhandgebühr erhält (Vorbem. 2.4.1 Abs. 1 S. 2 KV u. Vorbem. 2.2 Abs. 2 KV). Die genannten Gebühren entstehen auch, wenn der Notar keinen Entwurf gefertigt, aber einen ihm vorgelegten Entwurf überprüft, geändert oder ergänzt hat (Vorbem. 2.4.1 Abs. 3). Wenn der Notar demnächst nach Fertigung eines Entwurfs auf der Grundlage dieses Entwurfs ein Beurkundungsverfahren durchführt, wird die Entwurfsgebühr auf die Gebühr für das Beurkundungsverfahren angerechnet (Vorbem. 2.4.1 Abs. 6 KV).

Gebührentatbestand	Geschäftswert	Gebührensatz
		Beglaubigt der Notar, der den Entwurf gefertigt hat, demnächst unter dem Entwurf eine oder mehrere Unterschriften oder Handzeichen, entstehen für die erstmaligen Beglaubigungen, die an ein- und demselben Tag erfolgen, keine Gebühren (Vorbem. 2.4.1 Abs. 2 u. Abs. 1 der Anm. zu Nr. 25100 KV).
– Innerhalb eines Beurkundungsverfahrens	Wert des in Auftrag gegebenen Beurkundungsverfahrens (ggf. i.V.m. § 119 Abs. 1)	0,5 bis 2,0 Gebühr, mind. 120 EUR bei vorzeitiger Beendigung des Beurkundungsverfahrens (Nr. 21302 KV). 0,3 bis 1,0 Gebühr, mind. 60 EUR, bei vorzeitiger Beendigung des Beurkundungsverfahrens in den Fällen der Nr. 21102 KV (Verfügungsgeschäft wird durch einen Notar beurkundet, nicht bereits das Grundgeschäft beurkundet hat, oder Aufhebung eines Vertrags) und der Nr. 21200 KV (Beurkundungsverfahren betrifft ein einseitige Erklärung, Tatsachen oder Vorgänge). 0,2 bis 0,5 Gebühr, mind. 30 EUR, bei vorzeitiger Beendigung des Beurkundungsverfahrens in den Fällen der Nr. 21101 KV (Vertragsannahme oder (Verfügungsgeschäft wird durch einen Notar beurkundet, der bereits das Grundgeschäft beurkundet hat) und der Nr. 21201 KV (privilegierte Erklärungen, wie z.B. Grundbucherklärungen oder Handelsregisteranmeldungen). Die Gebühren entstehen, wenn der Notar innerhalb eines Beurkundungsverfahrens einen Entwurf gefertigt hat, das Beurkundungsverfahren aber vorzeitig beendet worden ist. Ein Entwurfsauftrag ist nicht erforderlich, vielmehr reicht ein Beurkundungsauftrag aus. Vorzeitige Beendigung des Beurkundungsverfahrens liegt vor, wenn vor Unterzeichnung der Niederschrift durch den Notar der Beurkundungsauftrag zurückgenommen oder zurückgewiesen wird oder der Notar feststellt, dass

Gebührentatbestand	Geschäftswert	Gebührensatz
		nach seiner Überzeugung mit der beauftragten Beurkundung aus Gründen, die nicht in seiner Person liegen, nicht mehr zu rechnen ist (Vorbem. 2.1.3 Abs. 1 S. 1 KV). Wird das Verfahren länger als 6 Monate nicht mehr betrieben, ist in der Regel nicht mehr mit der Beurkundung zu rechnen (Vorbem. 2.1.3 Abs. 1 S. 2 KV). Bei vollständiger Erstellung des Entwurfs ist die Höchstgebühr des Gebührenrahmens anzusetzen (§ 92 Abs. 2). Ansonsten bestimmt der Notar die Gebühr aus dem Rahmen im Einzelfall unter Berücksichtigung des Umfangs der erbrachten Leistung nach billigem Ermessen (§ 92 Abs. 1). Die genannten Gebühren entstehen auch, wenn der Notar keinen Entwurf gefertigt, aber einen ihm vorgelegten Entwurf überprüft, geändert oder ergänzt hat (Vorbem. 2.1.3 Abs. 3 KV). Führt der Notar nach der vorzeitigen Beendigung des Beurkundungsverfahrens demnächst auf der Grundlage des Entwurfs ein erneutes Beurkundungsverfahren durch, wird die Entwurfsgebühr auf die Gebühr für das erneute Beurkundungsverfahren angerechnet (Vorbem. 2.3.1 Abs. 2 KV).
– Serienentwurf (meist Bauträgervertrag)	Hälfte des Werts aller zum Zeitpunkt der Entwurfsfertigung beabsichtigten Einzelgeschäfte (§ 119 Abs. 2). Der Serienentwurf wird in Vorbem. 2.4.1 Abs. 5 KV definiert als Entwurf zur beabsichtigten Verwendung für mehrere gleichartige Rechtsgeschäfte oder Erklärungen.	Der Serienentwurf löst dieselbe Gebühr aus wie der Einzelentwurf. Es wird demgemäß auf die vorstehenden Ausführungen bei „Entwurf außerhalb eines Beurkundungsverfahrens" verwiesen. Statt der üblichen Anrechnung der Entwurfsgebühr auf die Beurkundungsverfahrensgebühr bei Einzelentwürfen, ermäßigt sich die Gebühr für den Serienentwurf jeweils um die Gebühr für ein folgendes Beurkundungsverfahren (Nr. 24103 KV). Demgemäß ist der Notar berechtigt, dem Auftraggeber die Gebühren für die Fertigung eines Serienentwurfes bis zu einem Jahr nach Fälligkeit zu stunden (Vorbem. 2.4.1 Abs. 7

Gebührentatbestand	Geschäftswert	Gebührensatz
		KV). Das Stundungsverfahren soll im Hinblick auf das Ermäßigungsverfahren nach Nr. 24103 KV Rückerstattungen vermeiden (Begr. RegE, BT-Drs. 17/11471, S. 229).
Erbauseinandersetzung (Zur amtlichen Vermittlung der Auseinandersetzung siehe Amtliche Vermittlung der Erbauseinandersetzung)	Bei der Teilauseinandersetzung Wert der auseinandergesetzten Gegenstände, bei der Gesamtauseinandersetzung Wert der ganzen Erbschaft (§ 97 Abs. 1). Kein Schuldenabzug (§ 38 S. 2). Die Bewertung der einzelnen Vermögensgegenstände des Nachlasses ist nach den allgemeinen Bewertungsvorschriften vorzunehmen (z.B. Grundbesitz nach § 46, land- oder forstwirtschaftliches Vermögen nach § 48).	2,0 Gebühr, mind. 120 EUR (Nr. 21100 KV)

Erbausschlagung: siehe Ausschlagung der Erbschaft

Erbbaurecht

– Vertrag über die Begründung	Wertvergleich zwischen 80 % der Summe aus den Werten des belasteten Grundstücks und darauf errichteter Bauwerke (§ 49 Abs. 2) und dem gem. § 52 Abs. 2 kapitalisierten Erbbauzins (§ 43). Letzterer beschränkt sich auf den für die ersten 20 Jahre entfallenden Wert. Der höhere Wert ist maßgebend. Sofern die Ausübung des Erbbaurechts auf eine Grundstücksteilfläche beschränkt ist, sind die 80 % vom Wert dieser Teilfläche zugrunde zu legen (§ 49 Abs. 2 Hs. 2). Die Vereinbarung von Preisklauseln (Wertsicherungsklauseln) bleibt unberücksichtigt (§ 52 Abs. 7). Die Vereinbarung eines Vorkaufsrechtes am Erbbaurecht ist ein verschiedener Beurkundungsgegenstand nach § 86 Abs. 2. Grundlage für die Bewertung des Vorkaufsrechts ist nach § 51 Abs. 1 S. 2 der halbe Wert des Erbbaurechts, das sich nach § 49 Abs. 2 bemisst. Nicht zusätzlich zu bewerten sind hingegen das Vorkaufsrecht des	2,0 Gebühr, mind. 120 EUR (Nr. 21100 KV)

Gebühren- und Geschäftswert-ABC (Stand: 21.5.2013) 84

Gebührentatbestand	Geschäftswert	Gebührensatz
	Erbbauberechtigten am Grundstück, eine Bauverpflichtung, ein Heimfallrecht, Vereinbarungen zur Gebäudeerrichtung sowie Vereinbarungen über die Tragung der öffentlichen Lasten und Abgaben, da sie allesamt Inhalt des Erbbaurechtsvertrages sind.	
– Kaufvertrag über ein bestehendes Erbbaurecht	Kaufpreis nach § 47 S. 1 nebst eventuellen Hinzurechnungsposten nach § 47 S. 2 (je i.V.m. § 49 Abs. 1) oder der höhere Wert des nach § 49 Abs. 2 zu bewertenden Erbbaurechts (§ 97 Abs. 3). Der Erbbauzins ist nicht hinzuzurechnen.	2,0 Gebühr, mind. 120 EUR (Nr. 21100 KV)
– Zustimmung zur Veräußerung oder Belastung des Erbbaurechts	Bei gesonderter Erklärung: Hälfte des Geschäftswerts für die Beurkundung des Geschäfts, auf das sich die Zustimmung bezieht (§ 98 Abs. 1). Bei Zustimmungserklärungen aufgrund einer gegenwärtigen oder künftigen Mitberechtigung ermäßigt sich der nach § 98 Abs. 1 bestimmte Geschäftswert auf den Bruchteil, der dem Anteil der Mitberechtigung entspricht (§ 98 Abs. 2 S. 1). Bei Beurkundung zusammen mit Erbbaurechtsbestellung keine Bewertung, da derselbe Beurkundungsgegenstand vorliegt (§ 109 Abs. 1 S. 1–3, S. 5; § 94 Abs. 2 S. 1).	Beurkundung oder Entwurfsfertigung: 1,0 Gebühr, mind. 60 EUR (Nr. 21200 KV, ggf. i.V.m. Nr. 24101 KV i.V.m. § 92 Abs. 2). Unterschriftsbeglaubigung: 0,2 Gebühr, mind. 20 EUR, höchstens 70 EUR (Nr. 25100 KV).
– Aufhebung des Erbbaurechts	80 % der Summe aus den Werten des belasteten Grundstücks und darauf errichteter Bauwerke; sofern die Ausübung des Rechts auf eine Teilfläche beschränkt ist, sind 80 % vom Wert dieser Teilfläche zugrunde zu legen (§ 49 Abs. 2).	0,5 Gebühr, mind. 30 EUR (Nr. 21201 Nr. 4 KV) bei rein grundbuchlichen Löschungserklärungen; 2,0 Gebühr, mind. 120 EUR bei vertraglicher Vereinbarung z.B. hinsichtlich des Entschädigungsanspruchs. Hingegen kommt Nr. 21102 Nr. 2 KV nicht zur Anwendung, weil es sich um die Aufhebung eines Rechts handelt, und nicht um die Aufhebung eines Vertrags.
– Vollzug (z.B. Einholung Genehmigung oder Löschungsunterlagen)	Wert des Beurkundungsverfahrens (§ 112)	0,5 Gebühr (Nr. 22110 KV). Beschränkt sich der Vollzug allerdings auf die Einholung behördlicher Genehmigungen, so fällt gem. Nr. 22112 KV nur eine Gebühr i.H.v. 50 EUR pro eingeholter Genehmigung an, wenn sie niedriger ist als die 0,5 Gebühr nach Nr. 22110 KV.

Gebührentatbestand	Geschäftswert	Gebührensatz
Erbscheinsantrag: siehe bei Eidesstattliche Versicherung		
Erbteilsübertragung	Wert des übertragenen Erbanteils ohne Schuldenabzug (§§ 97 Abs. 1, 38 S. 2) oder Wert der Gegenleistung, wenn diese höher sein sollte (§ 97 Abs. 3).	2,0 Gebühr, mind. 120 EUR (Nr. 21100 KV). Anzeige nach §§ 2384, 2385 BGB: 0,5 Gebühr (Nr. 22200 Anm. Nr. 5 KV). Grundbuchberichtigung ist derselbe Beurkundungsgegenstand nach § 109 Abs. 1 S. 1–2, soweit sie aufgrund der Übertragung beantragt wird. Ein eventueller Berichtigungsantrag auf die Erbengemeinschaft stellt einen verschiedenen Beurkundungsgegenstand nach § 86 Abs. 2 dar.
Erbvertrag		
– Beurkundung	§ 102 Abs. 1: Geschäftswert bei der Beurkundung eines Erbvertrags ist, wenn über den ganzen Nachlass oder einen Bruchteil verfügt wird, der Wert des Vermögens oder der Wert des entsprechenden Bruchteils des Vermögens. Verbindlichkeiten des Erblassers werden abgezogen, jedoch nur bis zur Hälfte des Werts des Vermögens. Vermächtnisse und Auflagen werden nur bei Verfügung über einen Bruchteil und nur mit dem Anteil ihres Werts hinzugerechnet, der dem Bruchteil entspricht, über den nicht verfügt wird. § 102 Abs. 2: Verfügt der Erblasser außer über die Gesamtrechtsnachfolge daneben über Vermögenswerte, die noch nicht zu seinem Vermögen gehören, jedoch in der Verfügung von Todes wegen konkret bezeichnet sind, wird deren Wert hinzugerechnet. Von dem Begünstigten zu übernehmende Verbindlichkeiten werden abgezogen, jedoch nur bis zur Hälfte des Vermögenswerts. Die Sätze 1 und 2 gelten bei gegenseitigen Erbverträgen nicht für Vermögenswerte, die bereits nach § 102 Abs. 1 berücksichtigt sind. § 102 Abs. 3: Betrifft der Erbvertrag nur bestimmte Vermögens-	20/10-Gebühr (§ 46 Abs. 1)

Gebührentatbestand	Geschäftswert	Gebührensatz
	werte, ist deren Wert maßgebend; § 102 Abs. 2 S. 2 gilt entsprechend. Für land- oder forstwirtschaftliches Vermögen erfolgt die Wertberechnung nach § 48 (vierfacher Einheitswert).	
– Änderungen oder Ergänzungen	Wie vor; ggf. nur Teilwert davon gem. § 36 Abs. 1	2,0 Gebühr, mind. 120 EUR (21100 KV)
– Aufhebung	Wie bei Abschluss des Erbvertrages. Die Aufhebung und die Errichtung einer neuen Verfügung von Todes wegen sind derselbe Beurkundungsgegenstand (§ 109 Abs. 2 S. 1 Nr. 2). Maßgebend ist die höchste Gebühr (§ 94 Abs. 2 S. 1), die nach dem höchsten Geschäftswert erhoben wird (§ 109 Abs. 2 S. 2). Jedoch erfolgt ein getrennter Gebührenansatz nach den Einzelwerten, wenn dies billiger ist (§ 94 Abs. 2 S. 2).	1,0 Gebühr, mind. 60 EUR (Nr. 21102 Nr. 2 KV).
– Anfechtung, Rücktritt, Widerruf	Die Absätze 1 bis 3 des § 102 (siehe dazu näher unter dem Anstrich „Beurkundung") gelten entsprechend für die Beurkundung der Anfechtung oder des Widerrufs oder des Rücktritts (§ 102 Abs. 5 S. 1). Hat eine Erklärung des einen Teils nach § 102 Abs. 5 S. 1 die Unwirksamkeit von Verfügungen des anderen Teils zur Folge, ist der Wert der Verfügungen des anderen Teils dem Wert nach § 102 Abs. 5 S. 1 hinzuzurechnen (§ 102 Abs. 5 S. 2). Anfechtung, Rücktritt und Widerruf einerseits und die Errichtung einer neuen Verfügung von Todes wegen andererseits derselbe Beurkundungsgegenstand (§ 109 Abs. 2 S. 1 Nr. 2). Maßgebend ist die höchste Gebühr (§ 94 Abs. 2 S. 1), die nach dem höchsten Geschäftswert erhoben wird (§ 109 Abs. 2 S. 2). Jedoch erfolgt ein getrennter Gebührenansatz nach den Einzelwerten, wenn dies billiger ist (§ 94 Abs. 2 S. 2).	0,5 Gebühr, mind. 30 EUR (Nr. 21201 Nr. 1, 2 oder 3 KV)

Gebührentatbestand	Geschäftswert	Gebührensatz
– Rückgabe des Erbvertrages aus notarieller Verwahrung (vgl. § 2300 Abs. 2 BGB)	Der Geschäftswert für die Rückgabe eines Erbvertrags aus der notariellen Verwahrung bestimmt sich nach § 102 Abs. 1 bis. 3 (§ 114). Siehe dazu näher unter dem Anstrich „Beurkundung".	0,3 Gebühr (Nr. 23100 KV). Die mit der Tätigkeit verbundene Niederschrift wird durch die Gebühr mit abgegolten (Vorbem. 2.3 Abs. 1 S. 1 KV). Wenn derselbe Notar demnächst nach der Rückgabe eines Erbvertrags eine erneute Verfügung von Todes wegen desselben Erblassers beurkundet, wird die Gebühr auf die Gebühr für das Beurkundungsverfahren angerechnet (S. 1 der Anm. zu Nr. 23100 KV). Bei einer Mehrheit von Erblassern erfolgt die Anrechnung nach Kopfteilen (S. 2 der Anm. zu Nr. 23100 KV).
Erbverzicht	Wert des Erbteils des Verzichtenden am Vermögen des künftigen Erblassers zum Zeitpunkt der Beurkundung, wobei Verbindlichkeiten nur bis zur Hälfte des Vermögens abgezogen werden (§ 102 Abs. 4 S. 1 i.V.m. Abs. 1 S. 1, 2). Bei Vereinbarung eines Erbverzichts zusammen mit erbvertraglichen Regelungen in einer Urkunde liegt ein verschiedener Beurkundungsgegenstand vor (§ 111 Nr. 1).	2,0 Gebühr, mind. 120 EUR (Nr. 21100 KV)
Erfolgloses Beurkundungsverfahren ohne Beratung oder Beratung	Ohne Wert	20 EUR (Nr. 21300 KV). Sie fällt an, wenn das beauftragte Beurkundungsverfahren vorzeitig beendet wird, ohne dass der Notar eine Beratung durchgeführt oder einen Entwurf gefertigt hat. Vorzeitige Beendigung des Beurkundungsverfahrens liegt vor, wenn vor Unterzeichnung der Niederschrift durch den Notar der Beurkundungsauftrag zurückgenommen oder zurückgewiesen wird oder der Notar feststellt, dass nach seiner Überzeugung mit der beauftragten Beurkundung aus Gründen, die nicht in seiner Person liegen, nicht mehr zu rechnen ist (Vorbem. 2.1.3 Abs. 1 S. 1 KV). Wird das Verfahren länger als 6 Monate nicht mehr betrieben, ist in der Regel nicht mehr mit der Beurkundung zu rechnen (Vorbem. 2.1.3 Abs. 1 S. 2 KV).

Gebühren- und Geschäftswert-ABC (Stand: 21.5.2013)

Gebührentatbestand	Geschäftswert	Gebührensatz
Freiwillige Versteigerung von beweglichen Sachen und von Rechten	Summe der Werte der betroffenen Sachen und Rechte (§ 117)	3,0 Gebühr (Nr. 23700 KV). Die Gebühr entsteht für die Versteigerung von beweglichen Sachen, von Früchten auf dem Halm oder von Holz auf dem Stamm sowie von Forderungen oder sonstigen Rechten (Abs. 1 der Anm. zu Nr. 23700 KV). Die mit der Tätigkeit verbundene Niederschrift wird durch die Gebühr mit abgegolten (Vorbem. 2.3 Abs. 1 S. 1 KV). Endet das Verfahren vor Aufforderung zur Abgabe von Geboten, so ermäßigt sich die Gebühr auf 0,5 (Nr. 23701 KV).
Freiwillige Versteigerung von Grundstücken durch den Notar		
– Verfahren	Wert der zu versteigernden Grundstücke oder grundstücksgleichen Rechte (§ 116 Abs. 1 Nr. 1)	0,5 Gebühr (Nr. 23600 KV). Die mit der Tätigkeit verbundene Niederschrift wird durch die Gebühr mit abgegolten (Vorbem. 2.3 Abs. 1 S. 1 KV).
– Aufnahme einer Schätzung	Wert der zu versteigernden Grundstücke oder grundstücksgleichen Rechte (§ 116 Abs. 1 Nr. 2)	0,5 Gebühr (Nr. 23601 KV). Die mit der Tätigkeit verbundene Niederschrift wird durch die Gebühr mit abgegolten (Vorbem. 2.3 Abs. 1 S. 1 KV).
– Abhaltung eines Versteigerungstermins	Wert der zu versteigernden Grundstücke oder grundstücksgleichen Rechte (§ 116 Abs. 1 Nr. 3)	1,0 Gebühr für jeden Termin (Nr. 23602 KV). Die mit der Tätigkeit verbundene Niederschrift wird durch die Gebühr mit abgegolten (Vorbem. 2.3 Abs. 1 S. 1 KV).
– Beurkundung des Zuschlags	Zusammengerechneter Wert der Gebote eines jeden Erstehers oder der höhere Wert der ihm zugeschlagenen Grundstücke oder grundstücksgleichen Rechte (§ 116 Abs. 2)	1,0 Gebühr (Nr. 23603 KV). Die mit der Tätigkeit verbundene Niederschrift wird durch die Gebühr mit abgegolten (Vorbem. 2.3 Abs. 1 S. 1 KV). Die Beurkundung bleibt häufig gebührenfrei (s. dazu Anm. zu Nr. 23603).
– Beurkundung eines Kaufvertrags im Anschluss an eine nicht vom Notar durchgeführte freiwillige Grundstücksversteigerung: kein Fall des § 54, Bewertung siehe unter Kaufvertrag		

Gebührentatbestand	Geschäftswert	Gebührensatz
Fremde Sprache	Ohne Wert	30 % der für das Beurkundungsverfahren, für eine Beglaubigung oder Bescheinigung zu erhebenden Gebühr (Nr. 26001 KV)
Gemeinschaftsaufhebungsverbot (vgl. § 1010 BGB)	30 % des betroffenen Gegenstands (§ 51 Abs. 2). Ist der so bestimmte Wert nach den besonderen Umständen des Einzelfalls unbillig, kann ein höherer oder ein niedrigerer Wert angenommen werden (§ 51 Abs. 3).	2,0 Gebühr, mind. 120 EUR (Nr. 21100 KV). Erfolgt die Beurkundung nicht separat, sondern im Rahmen eines Kaufvertrages, so sind Kaufvertrag und Gemeinschaftsaufhebungsverbot verschiedene Beurkundungsgegenstände nach § 86 Abs. 2. Ihre Werte sind gem. § 35 Abs. 1 zu addieren und daraus nur eine einzige 2,0 Gebühr gem. Nr. 21100 KV zu erheben.
Genehmigung (Entwurf mit Unterschriftsbeglaubigung)	Grds. halber Wert des genehmigten Rechtsgeschäfts (§ 98 Abs. 1). Bei Genehmigung aufgrund einer gegenwärtigen oder künftigen Mitberechtigung ermäßigt sich der nach § 98 Abs. 1 bestimmte Geschäftswert auf den Bruchteil, der dem Anteil der Mitberechtigung entspricht (§ 98 Abs. 2 S. 1). Bei Gesamthandverhältnissen ist der Anteil entsprechend der Beteiligung an dem Gesamthandvermögen zu bemessen (§ 98 Abs. 2 S. 3). In allen Fällen beträgt der anzunehmende Geschäftswert höchstens 1 Mio. EUR (§ 98 Abs. 4).	1,0 Gebühr, mind. 60 EUR (Nr. 21200 i.V.m. Nr. 24101 KV i.V.m. § 92 Abs. 2)
Generalvollmacht: siehe Vollmacht		
GmbH		
– Abtretung von GmbH-Geschäftsanteilen	Kaufpreis oder höherer Wert des Geschäftsanteils (§ 97 Abs. 3). Der Geschäftsanteil bemisst sich dabei nach § 54. Bei Anteilsübertragung im Konzern beträgt der Geschäftswert höchstens 10 Mio. EUR, sofern die Zielgesellschaft nicht überwiegend vermögensverwaltend tätig ist (§ 107 Abs. 2).	2,0 Gebühr, mind. 120 EUR (Nr. 21100 KV). Ist das Grundgeschäft bereits anderweitig durch denselben Notar beurkundet worden, so beträgt die Gebühr nur 0,5, mind. 30 EUR (Nr. 21101 Nr. 2 KV). Ist das Grundgeschäft anderweitig durch einen anderen Notar beurkundet worden, so beträgt die Gebühr 1,0, mind. 60 EUR (Nr. 21102 Nr. 1).

Gebühren- und Geschäftswert-ABC (Stand: 21.5.2013)

Gebührentatbestand	Geschäftswert	Gebührensatz
– Bescheinigung Gesellschafterliste nach § 40 Abs. 2 S. 2 GmbHG: siehe bei Bescheinigungen		
– Gesellschaftsvertrag (Mehr-Personen-GmbH)	Bargründung: Summe der Stammeinlagen, ein genehmigtes Kapital nach § 55a GmbHG ist hinzuzurechnen (§ 97 Abs. 1).	2,0 Gebühr, mind. 120 EUR (Nr. 21100 KV)
	Bei Sachgründung, insbesondere Einbringung eines Grundstücks oder eines Handelsgeschäftes, ergibt sich regelmäßig ein höherer Wert, da die auf dem eingebrachten Gegenstand lastenden Verbindlichkeiten gem. § 38 S. 1 nicht abgezogen werden. Der Mindestwert beträgt 30.000 EUR, der Höchstwert 10 Mio. EUR (§ 107 Abs. 1 S. 1).	
– Gesellschaftsvertrag (Ein-Personen-GmbH)	Wie oben	1,0 Gebühr, mind. 60 EUR (Nr. 21200 KV)
– Musterprotokoll als Gesellschaftsvertrag (vgl. § 2 Abs. 1a GmbHG)	Wie oben, aber: Bei Verwendung des gesetzlichen Musterprotokolls gilt der Mindestwert von 30.000 EUR nicht (§ 107 Abs. 1 S. 2). Dies wirkt sich allerdings nur bei der UG mit einem Stammkapital unter 25.000 EUR aus.	2,0 Gebühr, mind. 120 EUR (Nr. 21100 KV). Bei Ein-Personen-Gründung 1,0 Gebühr, mind. 60 EUR (Nr. 21200 KV).
– Bestellung der Geschäftsführer im Gesellschaftsvertrag		Bleibt als Inhalt des Gesellschaftsvertrags unbewertet. Das gilt insbesondere bei Verwendung des Musterprotokolls (Zur KostO: OLG Celle NotBZ 2010, 148 = ZNotP 2010, 199).
– Bestellung der Geschäftsführer durch Beschluss der Gesellschafter außerhalb des Gesellschaftsvertrags	1 % des eingetragenen Stammkapitals, mindestens 30.000 EUR, höchstens 5 Mio. EUR (§ 108 Abs. 1 S. 1, Abs. 5, § 105 Abs. 4 Nr. 1). Bei Zusammenbeurkundung von Gesellschaftsvertrag und Bestellungsbeschluss in einer Urkunde liegen verschiedene Beurkundungsgegenstände vor (§ 110 Nr. 1). Da beide Rechtsgeschäfte demselben Gebührensatz von 2,0 gem. Nr. 21100 KV unterliegen, sind die Werte gem. § 35 Abs. 1 zu addieren und die 2,0 Gebühr nur einmal daraus zu erheben.	2,0 Gebühr, mind. 120 EUR (Nr. 21100 KV)

Gebührentatbestand	Geschäftswert	Gebührensatz
– Anmeldung zum Handelsregister (Entwurf mit Unterschriftsbeglaubigung)	Stammkapital, mindestens 30.000 EUR (§ 105 Abs. 1 S. 1 Nr. 1), höchstens 1 Mio. EUR (§ 106). Bei Gründung unter Verwendung des gesetzlichen Musterprotokolls ist auch der Geschäftswert für die Handelsregisteranmeldung begünstigt: der Mindestwert von 30.000 EUR gilt nämlich nicht (§ 105 Abs. 6 S. 1). Dies wirkt sich allerdings nur bei der UG mit einem Stammkapital unter 25.000 EUR aus.	0,5 Gebühr, mind. 30 EUR (Nr. 21201 Nr. 5 KV i.V.m. 24102 KV i.V.m. § 92 Abs. 2).
– Fertigung der Gesellschafterliste durch Notar	Wert der vollzogenen Urkunde (§ 112). Das dürfte nicht die Gründungsurkunde sein, sondern die Anmeldeurkunde (arg. § 8 Abs. 1 Nr. 3 GmbHG).	0,3 Gebühr, höchstens 250 EUR (Nr. 22111 i.V.m. Nr. 22113 i.V.m. Vorbem. 2.2.1.1 Abs. 1 S. 2 Nr. 3 KV)
– Anmeldung von Veränderungen zum Handelsregister (Entwurf mit Unterschriftsbeglaubigung)	Soweit die Anmeldung keinen bestimmten Geldwert hat, 1 % des eingetragenen Stammkapitals, mindestens 30.000 EUR, höchstens 1 Mio. EUR (§ 105 Abs. 4 Nr. 1, § 106). Bei einer Satzungsänderung liegt nur eine einzige Anmeldung vor, auch wenn die Satzung in mehreren Punkten geändert oder völlig neu gefasst wird. Die Anmeldung mehrerer Veränderungen zur Vertretung sind verschiedenen Anmeldungsgegenstände und daher gem. § 111 Nr. 3 verschiedene Beurkundungsgegenstände.	0,5 Gebühr, mind. 30 EUR (Nr. 21201 Nr. 5 KV i.V.m. 24102 KV i.V.m. § 92 Abs. 2)
– Anmeldung ohne wirtschaftliche Bedeutung, z.B. Änderung der inländischen Geschäftsanschrift (Entwurf mit Unterschriftsbeglaubigung)	5.000 EUR (§ 105 Abs. 5)	0,5 Gebühr, mind. 30 EUR (Nr. 21201 Nr. 5 KV i.V.m. 24102 KV i.V.m. § 92 Abs. 2)
– Nachtrag/Änderung des Gesellschaftsvertrags		
– vor Eintragung der GmbH	Bruchteil des Stammkapitals, abhängig von Umfang und Bedeutung der Abänderung (§§ 36 Abs. 1, 97 Abs. 2). Da es sich um einen Gesellschaftsvertrag handelt, beträgt der Höchstwert 10 Mio. EUR (§ 107 Abs. 1 S. 1).	2,0 Gebühr, mind. 120 EUR (Nr. 21100 KV)

Gebühren- und Geschäftswert-ABC (Stand: 21.5.2013)

Gebührentatbestand	Geschäftswert	Gebührensatz
– nach Eintragung der GmbH	Bei Änderung des Stammkapitals Erhöhungsbetrag, mind. 30.000 EUR (§§ 97 Abs. 2, 108 Abs. 1 S. 2, 105 Abs. 1 S. 2), bei sonstigen Veränderungen 1 % des Stammkapitals, mind. 30.000 EUR (§§ 108 Abs. 1 S. 1, S. 2, 105 Abs. 4 Nr. 1). Da es sich um einen Änderungs*beschluss* handelt, beträgt der Höchstwert 5 Mio. EUR (§ 108 Abs. 5).	2,0 Gebühr, mind. 120 EUR (Nr. 21100 KV)
– Kapitalerhöhung oder -herabsetzung		
– Beschluss	Unterschiedsbetrag zwischen bereits eingetragenem und erhöhtem bzw. herabgesetztem Geldbetrag, mind. 30.000 EUR (§§ 97 Abs. 2, 108 Abs. 1 S. 2, 105 Abs. 1 S. 2).	2,0 Gebühr, mind. 120 EUR (Nr. 21100 KV). Für eine in derselben Urkunde beurkundete Übernahmeerklärung nach § 55 Abs. 1 GmbHG fällt eine 1,0 Gebühr nach Nr. 21200 KV an. Da es sich um verschiedene Beurkundungsgegenstände nach § 110 Nr. 1 handelt, ist nach § 94 Abs. 1 zu berechnen.
– Handelsregisteranmeldung (Entwurf mit Unterschriftsbeglaubigung)	Unterschiedsbetrag zwischen bereits eingetragenem und erhöhtem bzw. herabgesetztem Geldbetrag, mind. 30.000 EUR (§ 105 Abs. 1 S. Nr. 3, S. 2), höchstens jedoch 1 Mio. EUR (§ 106).	0,5 Gebühr, mind. 30 EUR (Nr. 21201 Nr. 5 KV i.V.m. 24102 KV i.V.m. § 92 Abs. 2)
– Satzungsbescheinigung nach § 54 GmbHG		Abgegolten durch die Gebühr für die Beurkundung der Satzungsänderung (Vorbem. 2.1 Abs. 2 Nr. 4 KV).
– Anmeldung der Auflösung einer GmbH (Entwurf mit Unterschriftsbeglaubigung)	Es handelt sich in der Regel um drei verschiedene Anmeldungsgegenstände, die zu addieren sind: Auflösung der Gesellschaft, Abberufung des Geschäftsführers, Bestellung des Geschäftsführers oder eines Dritten zum Liquidator (§§ 105 Abs. 4 Nr. 1, 111 Nr. 3, 35 Abs. 1). Der Höchstwert beträgt 1 Mio. EUR (§ 106).	0,5 Gebühr, mind. 30 EUR (Nr. 21201 Nr. 5 KV i.V.m. 24102 KV i.V.m. § 92 Abs. 2)
Grundbuchberichtigung (reine Grundbucherklärungen)	Grundsätzlich voller Wert des betroffenen Grundstückes nach § 46. Werden die Eigentumsverhältnisse nicht berührt (Namensberichtigung oder formwechselnde Umwandlung), ist gem. 36 Abs. 1 ein Teilwert von 10–30 % des Grundstückswertes anzuset-	0,5 Gebühr, mind. 30 EUR (Nr. 21201 Nr. 4 KV i.V.m. 24102 KV i.V.m. § 92 Abs. 2)

Gebührentatbestand	Geschäftswert	Gebührensatz
	zen. Für die Grundbuchberichtigung bei Gesellschafterwechsel einer BGB-Gesellschaft ist der Wert der betroffenen Mitgliedschaft anzusetzen.	
Grundbucheinsicht	Ohne Wert	Einsicht in das Grundbuch, in öffentliche Register und Akten einschließlich des Inhalts an den Beteiligten: 15 EUR (Nr. 25209 KV) Die Gebühr entsteht nur, wenn die Tätigkeit nicht mit einem gebührenpflichtigen Verfahren oder Geschäft zusammenhängt (Anm. zu Nr. 25209 KV).
Grundpfandrecht		
– Abtretung		
– Briefrecht	Nominalwert des Grundpfandrechts, § 53 Abs. 1	0,5 Gebühr, mind. 30 EUR (Nr. 21201 Nr. 4 KV i.V.m. 24102 KV i.V.m. § 92 Abs. 2)
– Buchrecht	Wie vor	0,5 Gebühr, mind. 30 EUR (Nr. 21201 Nr. 4 KV i.V.m. 24102 KV i.V.m. § 92 Abs. 2), wenn in Urkunde nur Grundbucherklärungen und keine schuldrechtlichen Erklärungen enthalten sind 1,0 Gebühr, mind. 60 EUR (Nr. 21200 KV i.V.m. 24101 KV i.V.m. § 92 Abs. 2), wenn Anspruch aus persönlicher Haftung mit abgetreten wurde.
– Bestellung		
– Regelfall: mit materiell-rechtlichen Erklärungen, z.B. Schuldanerkenntnis, Abtretung von Rückgewähransprüchen, Zweckerklärung, Zwangsvollstreckungsunterwerfung (dinglich oder persönlich)	Nennbetrag der Schuld (§ 53 Abs. 1). Nebenleistungen (Zinsen) sind nach § 37 Abs. 1 nicht zu berücksichtigen. Die Erklärungen haben denselben Beurkundungsgegenstand (§ 109 Abs. 1 S. 1–3, S. 4 Nr. 3,4 Abs. 2 S. 1 Nr. 3).	1,0 Gebühr, mind. 60 EUR (Nr. 21200 KV)
– reine Grundbucherklärungen	Nennbetrag der Schuld (§ 53 Abs. 1). Nebenleistungen (Zinsen) sind nach § 37 Abs. 1 nicht zu berücksichtigen.	0,5 Gebühr, mind. 30 EUR (Nr. 21201 Nr. 4 KV).
– Überwachung eingeschränkte Zweckerklärung bei Bestellung aufgrund Finanzierungsvollmacht	Wert wie bei der Beurkundung der Grundschuldbestellung (§ 113 Abs. 1)	0,5 Gebühr (Nr. 22200 Anm. Nr. 5 KV). Die Betreuungsgebühr kann pro Beurkundungsverfahren (= Urkunde) nur einmal anfallen, § 93 Abs. 1 S. 1.

Gebühren- und Geschäftswert-ABC (Stand: 21.5.2013)

Gebührentatbestand	Geschäftswert	Gebührensatz
– Überprüfung oder Ergänzung eines Bestellungsformulars anlässlich einer begehrten reinen Unterschriftsbeglaubigung: siehe bei Entwurf		
– Entgegennahme vollstreckbare Ausfertigung durch Notar in Vollmacht für Grundpfandrechtsgläubiger (vgl. § 873 Abs. 2 Var. 4 BGB)	Wert wie bei der Beurkundung der Grundschuldbestellung (§ 113 Abs. 1)	0,5 Gebühr (Nr. 22200 Anm. Nr. 7 KV). Die Betreuungsgebühr kann pro Beurkundungsverfahren (= Urkunde) nur einmal anfallen, § 93 Abs. 1 S. 1.
– Einholung Rangrücktrittsbewilligung eines vorrangigen Grundpfandrechts oder Löschungsbewilligung	Wert wie bei der Beurkundung der Grundschuldbestellung (§ 112)	0,3 Gebühr (Nr. 22111 KV i.V.m. Vorbem. 2.2.1.1 Abs. 1 S. 2 Nr. 9 KV). Dabei ist es gleichgültig, ob der Notar die Bewilligung ohne oder mit Entwurf einholt (Vorbem. 2.2 Abs. 2 KV). Die Vollzugsgebühr kann pro Beurkundungsverfahren (= Urkunde) nur einmal anfallen, § 93 Abs. 1 S. 1.
– Einholung behördliche/ gerichtliche Genehmigung	Wert wie bei der Beurkundung der Grundschuldbestellung (§ 112)	0,3 Gebühr, jedoch höchstens 50 EUR pro Genehmigung (Nr. 22111 i.V.m. Nr. 22112 KV i.V.m. Vorbem. 2.2.1.1 Abs. 1 S. 2 Nr. 1 KV). Die Vollzugsgebühr kann pro Beurkundungsverfahren (= Urkunde) nur einmal anfallen, § 93 Abs. 1 S. 1.
– Grundpfandrecht und Rangerklärung	Nennbetrag des Grundpfandrechts (§ 53 Abs. 1). Es liegt derselbe Beurkundungsgegenstand vor (§ 109 Abs. 1 S. 4 Nr. 3 Hs. 1). Bewertet wird daher nur die Grundschuldbestellung, die Rangerklärung bleibt unbewertet. Das Gleiche gilt für einen Wirksamkeitsvermerk (§ 109 Abs. 1 S. 4 Nr. 3 Hs. 2 i.V.m. § 45 Abs. 2 S. 2).	1,0 Gebühr, mind. 60 EUR (Nr. 21200 KV)
– Beurkundung Grundschuld und vertragliche Abreden (z.B. Darlehensvertrag) unter Mitwirkung des Gläubigers	Nennbetrag des Darlehensvertrags (§ 97 Abs. 1). Es liegt derselbe Beurkundungsgegenstand vor (§ 109 Abs. 1 S. 1–3). Angesetzt wird die höchste in Betracht kommende Gebühr nach § 94 Abs. 2, das ist die 2,0 Gebühr nach Nr. 21100 KV für den Darlehensvertrag. Der Darle-	2,0 Gebühr, mind. 120 EUR (Nr. 21100 KV)

Gebührentatbestand	Geschäftswert	Gebührensatz
	hensvertrag als vorherrschendes Rechtsverhältnis regiert den Geschäftswert (§ 109 Abs. 1 S. 5).	
– Umwandlung einer Grundschuld	Von Buch- in Briefgrundschuld: Teilwert von 10–20 % des Grundschuldbetrages, § 36 Abs. 1. Bei Umwandlung einer nicht vollstreckbaren Grundschuld in eine sofort vollstreckbare Grundschuld: Nennbetrag nach § 53 Abs. 1.	0,5 Gebühr, mind. 30 EUR (Nr. 21201 Nr. 4 KV). Bei Unterwerfungserklärung 1,0 Gebühr, mind. 60 EUR (Nr. 21200 KV).
– Rangbescheinigung: siehe gesondertes Hauptstichwort „Rangbescheinigung"		
Handelsgeschäft		
– Übertragung	Kaufpreis oder – wenn höher – Aktivvermögen des Betriebes (§§ 97 Abs. 1, 3, 38)	2,0 Gebühr, mind. 120 EUR (Nr. 21100 KV)
– Anmeldung Einzelkaufmann zum Handelsregister (Entwurf mit Unterschriftsbeglaubigung)	Bei Erstanmeldung 30.000 EUR (§ 105 Abs. 3 Nr. 1); bei späterer Anmeldung ebenfalls 30.000 EUR (§ 105 Abs. 4 Nr. 4)	0,5 Gebühr, mind. 30 EUR (Nr. 21201 Nr. 5 KV i.V.m. 24102 KV i.V.m. § 92 Abs. 2)
Handelsregisteranmeldungen: siehe bei Aktiengesellschaft, GmbH, Handelsgeschäft, Offene Handelsgesellschaft, Kommanditgesellschaft, Limited, Partnerschaftsgesellschaft und Elektronischer Rechtsverkehr		
Hofübergabe: siehe Übergabevertrag		
Identitätserklärung (Bezeichnung Grundstück gem. § 28 S. 1 GBO nach Vermessung)	Teilwert des Grundstückswerts, 10 % bis 30 % erscheinen angemessen (§§ 36 Abs. 1, 46)	0,5 Gebühr, mind. 30 EUR (Nr. 21201 Nr. 4 KV). Dieselbe Gebühr fällt an, wenn der Notar die Identitätserklärung in Eigenurkunde abgibt (Nr. 25204 i.V.m. Nr. 24102 i.V.m. Nr. 21201 Nr. 4 KV i.V.m. § 92 Abs. 2).
Kaufvertrag (über Grundbesitz)	Kaufpreis (§ 47 S. 1), soweit nicht der Verkehrswert höher ist, etwa bei einem Freundschaftspreis zwischen Angehörigen (§ 47 S. 3). Die in der Kaufurkunde enthaltenen Erklärungen wie Auflassung, Auflassungsvormerkung, Zwangsvollstreckungsunterwerfung über den Kaufpreis oder die Besitzverschaffung, etc., sind zum Kauf derselbe Beurkundungsgegen-	2,0 Gebühr, mind. 120 EUR (Nr. 21100 KV)

Gebührentatbestand	Geschäftswert	Gebührensatz
	stand nach § 109 Abs. 1 S. 1–3 und bleiben unbewertet.	

- Eine Erhöhung des Geschäftswertes tritt ein, soweit der Käufer Verpflichtungen übernimmt, die er anstelle des Verkäufers zu erfüllen hat (§ 47 S. 2). Hierzu zählen unter anderem die Übernahme von bestehenden Lasten (z.B. Nießbrauchs- und Wohnrechte oder Grundpfandrechte, die ohne Anrechnung auf den Kaufpreis übernommen werden, Vermessungs- und Lastenfreistellungskosten sowie bereits fällige Erschließungskosten).

- Beim Kauf auf Rentenbasis bemisst sich der Geschäftswert nach § 52.

- Eine Bau- oder Investitionsverpflichtung ist eine hinzuzurechnende Gegenleistung i.S.v. § 47 S. 2, deren Wert sich nach § 50 bemisst (20 % des Verkehrswerts des unbebauten Grundstücks bei Wohngebäuden, 20 % der voraussichtlichen Herstellungskosten bei gewerblich genutzten Bauwerken und 20 % der Investitionssumme bei Investitionen).

- Bei einem Kauf mit Umsatzsteueroption des Verkäufers sind Kaufvertrag und Optionserklärung verschiedene Beurkundungsgegenstände (§ 110 Nr. 2c). Wegen des unterschiedlichen Gebührensatzes (2,0 für Kaufvertrag nach Nr. 21100 KV und 1,0 für Option nach Nr. 21200 KV) ist nach § 94 Abs. 1 zu verfahren.

- Belastungsvollmacht und Eigentümerzustimmung zur Löschung nicht übernommener Grundpfandrechte gem. § 27 GBO sind derselbe Beurkundungsgegenstand wie der Kaufvertrag (§ 109 Abs. 1 S. 4 Nr. 1b, c). Der Kaufvertrag regiert als vorherrschendes Rechtsverhält-

Gebührentatbestand	Geschäftswert	Gebührensatz
	nis den Geschäftswert (§ 109 Abs. 1 S. 5). Der Kaufvertrag gibt auch den Gebührensatz nach § 94 Abs. 2 S. 1 vor, weil er mit 2,0 nach Nr. 21100 KV den höchsten in Betracht kommenden Gebührensatz hat.	
– Einholung von Löschungsunterlagen zur Lastenfreistellung	Wert wie bei der Beurkundung des Kaufvertrags (§ 112 S. 1)	0,5 Gebühr (Nr. 22110 KV i.V.m. Vorbem. 2.2.1.1 Abs. 1 S. 2 Nr. 9 KV). Dabei ist es gleichgültig, ob der Notar die Löschungsunterlagen ohne oder mit Entwurf einholt (Vorbem. 2.2 Abs. 2 KV). Die Vollzugsgebühr kann pro Beurkundungsverfahren (= Urkunde) nur einmal anfallen, § 93 Abs. 1 S. 1
– Treuhänderische Überwachung der Löschungsunterlagen	Wert des Sicherungsinteresses (§ 113 Abs. 2). Das ist regelmäßig der vom Ablösegläubiger geforderte Ablösebetrag.	0,5 Gebühr (Nr. 22201 KV). Die Treuhandgebühr entsteht für die Beachtung von Auflagen durch einen nicht unmittelbar an dem Beurkundungsverfahren Beteiligten, eine Urkunde oder Auszüge einer Urkunde nur unter bestimmten Bedingungen herauszugeben (S. 1 der Anm. zu Nr. 22201 KV). Die Gebühr entsteht für jeden Treuhandauftrag gesondert (S. 2 der Anm. zu Nr. 22201 KV).
– Vollzugstätigkeiten	Wert wie beim Beurkundungsverfahren (§ 112 S. 1)	Geschlossener Gebührenkatalog in Vorbem. 2.2.1.1 KV. Die Vollzugsgebühr kann pro Beurkundungsverfahren (= Urkunde) nur einmal anfallen, § 93 Abs. 1 S. 1. Ausgenommen ist die Vollzugstätigkeit XML-Datei, die gesondert anfällt (Anm. zu Nr. 22114 KV).
– Fälligkeitsmitteilung	Wert wie beim Beurkundungsverfahren (§ 113 Abs. 1)	0,5 Gebühr (Nr. 22200 Anm. Nr. 2 KV). Die Betreuungsgebühr fällt pro Beurkundungsverfahren (= Urkunde) nur einmal an, § 93 Abs. 1 S. 1. Erfolgt die Kaufpreisabwicklung über Notaranderkonto, so fällt die Betreuungsgebühr neben der Verwahrungsgebühr (Nr. 25300 KV) an (Vorbem. 2.5.3 Abs. 1 i.V.m. Nr. 22200 Anm. Nr. 4 KV).

Gebührentatbestand	Geschäftswert	Gebührensatz
– Überwachung Eigentumsumschreibung	Wert wie beim Beurkundungsverfahren (§ 113 Abs. 1)	0,5 Gebühr (Nr. 22200 Anm. Nr. 3 KV). Die Gebühr fällt an sowohl für die urkundstechnische Sperrung der Auflassung bis zur Zahlung des Kaufpreises als auch für die Aussetzung der Eintragungsbewilligung, die der Notar bei erfolgter Zahlung in Eigenurkunde gegenüber dem Grundbuchamt erklärt. Nicht etwa fällt daneben eine Gebühr für eine Eigenurkunde nach Nr. 25204 KV an; dies stellt zum einen die Anm. zu Nr. 25204 KV klar, zum anderen auch Vorbem. 2.2 Abs. 2 KV. Die Betreuungsgebühr fällt pro Beurkundungsverfahren (= Urkunde) nur einmal an, § 93 Abs. 1 S. 1. Erfolgt die Kaufpreisabwicklung über Notaranderkonto, so fällt die Betreuungsgebühr neben der Verwahrungsgebühr (Nr. 25300 KV) an (Vorbem. 2.5.3 Abs. 1 i.V.m. Nr. 22200 Anm. Nr. 4 KV).
– Überwachung der Löschungsbewilligung des Käufers über seine Auflassungsvormerkung für den vorsorglichen Fall des gescheiterten Kaufs	Wert wie beim Beurkundungsverfahren (§ 113 Abs. 1)	0,5 Gebühr (Nr. 22200 Anm. Nr. 3 KV). Die Gebühr fällt an für die urkundstechnische Sperrung der sofort und unbedingt zur Löschung bewilligten Auflassungsvormerkung im Kaufvertrag. Die Betreuungsgebühr fällt pro Beurkundungsverfahren (= Urkunde) nur einmal an, § 93 Abs. 1 S. 1.
– Maklerklauseln	Die Übernahme der vom Verkäufer geschuldeten Provision durch den Käufer ist weitere Gegenleistung zum Kaufpreis nach § 47 S. 2 und diesem hinzuzurechnen. Wird dagegen im Vertrag nur deklaratorisch erklärt, der Vertrag sei durch Vermittlung des Maklers zustande gekommen, ist dies nicht werterhöhend und löst auch keine Gebühr aus.	Bei Vertrag zugunsten Dritter grds. 2,0 Gebühr nach Nr. 21100 KV. Sie wird jedoch nie gesondert zum Kaufpreis erhoben, sondern es findet, da Kaufvertrag und Maklerklausel ein verschiedener Beurkundungsgegenstand nach § 86 Abs. 2 sind, eine Werteaddition von Kaufpreis und Courtage nach § 35 Abs. 1 statt (§ 94 Abs. 1 ist nicht einschlägig, da beide Erklärungen demselben Gebührensatz unterliegen). Verpflichten sich Käufer und/oder Verkäufer dem Makler gegenüber durch einseitige Schuldanerkennt-

Gebührentatbestand	Geschäftswert	Gebührensatz
		nisse – mit oder ohne Zwangsvollstreckungsunterwerfung –, so fällt hierfür eine 1,0 Gebühr nach Nr. 21200 KV an, wobei gemäß § 94 Abs. 1 eine Vergleichsberechnung zu erfolgen hat; dabei wird häufig eine 2,0 Gebühr aus dem zusammengerechneten Wert günstiger sein.

Kommanditgesellschaft

Gebührentatbestand	Geschäftswert	Gebührensatz
– Gesellschaftsvertrag und Änderung: siehe bei Offene Handelsgesellschaft		
– Anmeldung zum Handelsregister (Entwurf mit Unterschriftsbeglaubigung)	Bei der Erstanmeldung ist die Summe der Kommanditeinlagen maßgebend; hinzuzurechnen sind 30.000 EUR für den ersten und 15.000 EUR für jeden weiteren persönlich haftenden Gesellschafter (§ 105 Abs. 1 S. 1 Nr. 5). Der Geschäftswert einer späteren Anmeldung beträgt, wenn kein bestimmter Geldbetrag einzutragen ist, 30.000 EUR; bei Eintritt oder Ausscheiden von mehr als zwei persönlich haftenden Gesellschaftern sind als Wert 15.000 EUR für jeden weiteren eintretenden und ausscheidenden Gesellschafter anzunehmen (§ 105 Abs. 4 Nr. 3).	0,5 Gebühr, mind. 30 EUR (Nr. 21201 Nr. 5 KV i.V.m. 24102 KV i.V.m. § 92 Abs. 2).
– Registervollmacht eines Kommanditisten	Wert seiner im Handelsregister eingetragenen oder einzutragenden Kommanditeinlage, höchstens 1 Mio. EUR (§ 98)	Gleichgültig, ob Beurkundung oder Entwurf mit Unterschriftsbeglaubigung: 0,5 Gebühr, mind. 30 EUR (Nr. 21201 Nr. 5 KV i.V.m. 24102 KV i.V.m. § 92 Abs. 2).
– Veräußerung eines Kommanditanteils	Kaufpreis oder höherer Wert der Kommanditbeteiligung. Deren Wert ermittelt sich gem. § 54 nach dem Eigenkapital i.S.v. § 266 Abs. 3 HGB, das auf die Beteiligung entfällt. Dabei sind Grundstücke, Gebäude, grundstücksgleiche Rechte, Schiffe oder Schiffsbauwerke nach den für sie geltenden Bewertungsvorschriften zu berücksichtigen. Es findet mit anderen Worten eine Ersetzung der Buchwerte durch die Verkehrswerte statt. Diese Bewertung	2,0 Gebühr, mind. 120 EUR (Nr. 21100 KV).

Gebührentatbestand	Geschäftswert	Gebührensatz
	findet allerdings nur statt, wenn es sich bei der KG um eine nicht überwiegend vermögensverwaltend tätige Gesellschaft handelt. Andernfalls ist der auf die Beteiligung entfallende Wert des Gesellschaftsvermögens ohne Schuldenabzug maßgeblich.	
Legalisation	Ohne Wert	Erwirkung der Apostille oder der Legalisation einschließlich der Beglaubigung durch den Präsidenten des Landgerichts: 25 EUR (Nr. 25207 KV). Erwirkung der Legalisation, wenn weitere Beglaubigungen notwendig sind: 50 EUR (Nr. 25208 KV).
Limited (Ltd.) Anmeldung einer Zweigniederlassung einer ausländischen Kapitalgesellschaft	Mindestens 30.000 EUR (§ 105 Abs. 1 S. 1 Nr. 1, S. 2). Die Vorschrift des § 41a Abs. 5 KostO, der eine Geschäftswertbegünstigung von Zweigniederlassung enthält, wurde nicht in das GNotKG übernommen.	0,5 Gebühr, mind. 30 EUR (Nr. 21201 Nr. 5 KV i.V.m. 24102 KV i.V.m. § 92 Abs. 2), wenn der Notar den Entwurf der Anmeldung fertigt und die Unterschrift beglaubigt. Wenn der Notar nur die Unterschrift beglaubigt: 0,2 Gebühr, mind. 20 EUR, höchstens 70 EUR (Nr. 25100 KV). Im Übrigen siehe Elektronischer Rechtsverkehr.
Löschungen – Grundbucherklärungen	Bei Hypothek, Schiffshypothek, Registerpfandrecht an einem Luftfahrzeug oder Grundschuld ist auf den Nennbetrag der Schuld abzustellen, unabhängig davon, ob das Grundpfandrecht noch valutiert (§ 53 Abs. 1 S. 1). Bei der Rentenschuld ist der Nennbetrag der Ablösesumme maßgebend (§ 53 Abs. 1 S. 2). Bei Vorkaufsrechten ist grds. der halbe Grundstückswert maßgeblich (§ 51 Abs. 1 S. 2). Bei wiederkehrenden Leistungen: Wert des Rechtes im Zeitpunkt der Abgabe der Löschungsbewilligung (§ 52). Der Wert eines durch Zeitablauf oder durch den Tod eines Berechtigten erloschenen Rechts beträgt 0 EUR (§ 52 Abs. 6 S. 4).	0,5 Gebühr, mind. 30 EUR (Nr. 21201 Nr. 4 KV i.V.m. 24102 KV i.V.m. § 92 Abs. 2), wenn der Notar den Entwurf der Löschungserklärung fertigt und die Unterschrift beglaubigt. Wenn der Notar nur die Unterschrift beglaubigt: 0,2 Gebühr, mind. 20 EUR, höchstens 70 EUR (Nr. 25100 KV). Bezieht sich die reine Unterschriftsbeglaubigung auf eine Löschungszustimmung nach § 27 GBO nebst Löschungsantrag, so fällt hierfür eine Festgebühr von 20 EUR an (Nr. 25101 Nr. 2 KV).

Gebührentatbestand	Geschäftswert	Gebührensatz
	Bei Vormerkungen zur Sicherung von Ankaufs- oder sonstigen Erwerbsrechten ist grds. der volle Grundstückswert anzusetzen (§§ 45 Abs. 3, 51 Abs. 1 S. 1). Ist der so bestimmte Wert nach den besonderen Umständen des Einzelfalls unbillig, kann ein niedrigerer Wert angenommen werden (§ 51 Abs. 3). Die Löschung eines Grundpfandrechts, bei dem bereits zumindest ein Grundstück aus der Mithaft entlassen worden ist, steht hinsichtlich der Geschäftswertbestimmung der Entlassung aus der Mithaft gleich (§ 44 Abs. 1 S. 2). Das heißt, bei Beurkundung, Entwurf oder Unterschriftsbeglaubigung betreffend eine Löschungsbewilligung über ein Gesamtgrundpfandrecht, das nicht mehr an allen Einheiten lastet, muss ein Wertvergleich zwischen dem Nennbetrag des Gesamtrechts nach § 53 Abs. 1 und dem Wert der noch belasteten Grundstücke nach § 46 durchgeführt werden. Der geringere Wert ist maßgebend.	
– Löschungsfähige Quittung	Wie oben	1,0 Gebühr, mind. 60 EUR (Nr. 21200 KV).
Löschungsvormerkung (§ 1179 BGB)	Betrag des Grundpfandrechts, dessen Löschung gesichert werden soll oder Wert des begünstigten Rechts; der niedrigere Wert ist maßgebend (§ 45 Abs. 2 i.V.m. Abs. 1).	0,5 Gebühr, mind. 30 EUR (Nr. 21201 Nr. 4 KV i.V.m. 24102 KV i.V.m. § 92 Abs. 2), wenn der Notar den Entwurf der Löschungsvormerkung fertigt und die Unterschrift beglaubigt. Wenn der Notar nur die Unterschrift beglaubigt: 0,2 Gebühr, mind. 20 EUR, höchstens 70 EUR (Nr. 25100 KV).
Mediation		Für die Tätigkeit des Notars als Mediator ist durch schriftlichen öffentlich-rechtlichen Vertrag eine Gegenleistung in Geld zu vereinbaren (§ 126 Abs. 1 S. 1, Abs. 2). Die Gegenleistung muss unter Berücksichtigung aller Umstände des Geschäfts, insbesondere des Umfangs und der Schwierigkeit, angemessen sein (§ 126 Abs. 1 S. 3).

Gebührentatbestand	Geschäftswert	Gebührensatz
Mietvertrag	Der Geschäftswert bei der Beurkundung eines Mietvertrages ist der Wert aller Leistungen des Mieters während der gesamten Vertragszeit (§ 99 Abs. 1 S. 1). Bei Mietverträgen von unbestimmter Vertragsdauer ist der auf die ersten fünf Jahre entfallende Wert der Leistungen maßgebend; ist jedoch die Auflösung des Vertrags erst zu einem späteren Zeitpunkt zulässig, ist dieser maßgebend (§ 99 Abs. 1 S. 2). In keinem Fall darf der Geschäftswert den auf die ersten 20 Jahre entfallenden Wert übersteigen (§ 99 S. 3). Wird der Mietvertrag zusammen mit einem Grundstückskaufvertrag in einer Urkunde abgeschlossen, so sind beide Verträge grds. Verschiedene Beurkundungsgegenstände nach § 86 Abs. 2; ihre Werte werden nach § 35 Abs. 1 addiert. Ist der Mietvertrag Teil eines sog. Sale-and-lease-back-Geschäfts, so wird man für alle Rechtsgeschäfte von verschiedenen Beurkundungsgegenständen nach § 86 Abs. 2 auszugehen haben.	2,0 Gebühr, mind. 120 EUR (Nr. 21100 KV).
Miteigentümervereinbarung nach § 1010: siehe Benutzungsregelung unter Miteigentümern und Gemeinschaftsaufhebungsverbot		
Nachtragsurkunde: siehe Änderung beurkundeter Erklärungen		
Nachverpfändung: siehe Pfandunterstellung		
Nebentätigkeiten (Betreuungsgebühr und Treuhandgebühr) Für Abgrenzung zur Vollzugsgebühr siehe bei Vollzug	Der Geschäftswert der Betreuungsgebühr nach Nr. 22200 KV ist wie bei der Beurkundung zu bestimmen (§ 113 Abs. 1).	0,5 Betreuungsgebühr (Nr. 22200 KV). Der Gebührenkatalog für die Betreuungsgebühr ist geschlossen, er besteht aus 7 Nummern. Die Betreuungsgebühr entsteht in demselben notariellen Verfahren oder bei der Fertigung eines Entwurfs nur einmal (§ 93 Abs. 1).

Gebührentatbestand	Geschäftswert	Gebührensatz
	Der Geschäftswert der Treuhandgebühr nach Nr. 22201 KV ist der Wert des Sicherungsinteresses (§ 113 Abs. 2).	0,5 Treuhandgebühr (Nr. 22201 KV). Die Treuhandgebühr entsteht für die Beachtung von Auflagen durch einen nicht unmittelbar an dem Beurkundungsverfahren Beteiligten, eine Urkunde oder Auszüge einer Urkunde nur unter bestimmten Bedingungen herauszugeben (S. 1 der Anm. zu Nr. 22201 KV). Die Treuhandgebühr entsteht für jeden Treuhandauftrag gesondert (S. 2 der Anm. zu Nr. 22201 KV).
Notarielles Vermittlungsverfahren nach §§ 87 ff. SachenRBerG	Die Höhe des Geschäftswerts hängt davon ab, ob das notarielle Vermittlungsverfahren mit oder ohne Vermittlung endet. Bei Beendigung ohne Vermittlung ist die Hälfte des nach den §§ 19 und 20 Abs. 1 und 6 SachenRBerG ermittelten Wertes maßgebend, also grundsätzlich der hälftige Bodenwert (§ 100 Abs. 2 S. 3 i.V.m. S. 2 SachenRBerG). Bei Beendigung mit Vermittlung ist für den Geschäftswert der 20-fache des jährlichen Erbbauzinses bzw. der vereinbarte Kaufpreis zugrunde zu legen, mindestens jedoch der hälftige Bodenwert nach §§ 19, 20 Abs. 1 und 6 SachenRBerG (§ 100 Abs. 2 S. 2 SachenRBerG).	Die einschlägigen Gebührenvorschriften ergeben sich aus § 100 Abs. 1 SachenRBerG. Danach steht dem Notar grundsätzlich eine 4,0 Gebühr nach der Tabelle B des § 34 Abs. 2 GNotKG zu (§ 100 Abs. 1 S. 1 SachenRBerG). Entsprechend den notariellen Leistungen, die in einem solchen Vermittlungsverfahren entstehen können, wird diese Gebühr ermäßigt: Nur für den vom Gesetz angestrebten Abschluss des Vermittlungsverfahrens (vgl. § 104 S. 1 SachenRBerG) durch Beurkundung des Vermittlungsvorschlags (§ 98 Abs. 2 S. 1 SachenRBerG) oder durch Anfertigung eines Abschlussprotokolls im Falle einer nicht erzielbaren Einigung (§ 99 S. 1 SachenRBerG) hat der Notar die 4,0 Gebühr verdient. Ansonsten richtet sich die Ermäßigung nach dem erreichten Verfahrensstand: Eine 2,0 Gebühr ist verdient, wenn das Verfahren vor Ausarbeitung eines Vermittlungsvorschlags beendet wird (§ 100 Abs. 1 S. 2 Nr. 1 SachenRBerG); (ungeschriebene) Voraussetzung hierfür ist, dass entsprechend dem regelmäßigen Verfahrensgang der erste Verhandlungstermin (Erörterungstermin: §§ 92, 93 SachenRBerG) bereits stattgefunden hat. Nur noch eine 0,5 Gebühr billigt das Gesetz dem Notar zu, wenn sich das Verfahren bereits vor dem Erörterungstermin erledigt hat (§ 100 Abs. 1 S. 2 Nr. 2 SachenRBerG).

Gebührentatbestand	Geschäftswert	Gebührensatz
Öffentlich-rechtlicher Vertrag		Für die Tätigkeit des Notars als Mediator oder Schlichter ist durch öffentlich-rechtlichen Vertrag eine Gegenleistung in Geld zu vereinbaren (§ 126 Abs. 1 S. 1). Dasselbe gilt für notarielle Amtstätigkeiten, für die im GNotKG keine Gebühr bestimmt ist und die nicht mit anderen gebührenpflichtigen Tätigkeiten zusammenhängen (§ 126 Abs. 1 S. 2). Die Gegenleistung muss unter Berücksichtigung aller Umstände des Geschäfts, insbesondere des Umfangs und der Schwierigkeit, angemessen sein (§ 126 Abs. 1 S. 3). Sofern nichts anderes vereinbart ist, werden die Auslagen nach den gesetzlichen Bestimmungen erhoben (§ 126 Abs. 1 S. 4). Der Vertrag bedarf der Schriftform (§ 126 Abs. 2). Die §§ 19, 88 bis 90 geltend entsprechend (§ 126 Abs. 3 S. 1). Der vollstreckbaren Ausfertigung der Kostenberechnung ist eine beglaubigte Kopie oder ein beglaubigter Ausdruck des öffentlich-rechtlichen Vertrags beizufügen (§ 126 Abs. 3 S. 2).
Offene Handelsgesellschaft		
– Gesellschaftsvertrag	Summe der Einlagen der Gesellschafter ohne Schuldenabzug, mindestens 30.000 EUR und höchstens 10 Mio. EUR (§ 107 Abs. 1 S. 1). Bei Einbringung eines bestehenden Handelsgeschäfts oder Gewerbebetriebes bestimmt sich der Wert dieser Einlage nach der durch die Bilanz ausgewiesenen Summe der Aktiven unter Abzug der Wertberichtigungsposten. In die OHG eingebrachte Grundstücke sind mit ihrem Wert gem. § 46 bzw. § 48 zu berücksichtigen.	2,0 Gebühr, mind. 120 EUR (Nr. 21100 KV). Die im Gesellschaftsvertrag mitbeurkundete Auflassung bezüglich eines einzubringenden Grundstücks ist derselbe Beurkundungsgegenstand (§ 109 Abs. 1 S. 4 Nr. 2). Wenn eine OHG von Eltern und deren Kindern gegründet wird und die Eltern den Kindern die Einlage schenken, ist diese Schenkung ein verschiedener Beurkundungsgegenstand nach § 86 Abs. 2.
– Änderung des Gesellschaftsvertrages	Wertschätzung nach dem Ausmaß der Änderungen unter Berücksichtigung des Aktivvermögens der OHG (§§ 36 Abs. 1, 97 Abs. 1)	2,0 Gebühr, mind. 120 EUR (Nr. 21100 KV)

Gebührentatbestand	Geschäftswert	Gebührensatz
– Veräußerung eines OHG-Anteils bzw. Gesellschafterwechsel	Kaufpreis bzw. Abfindung oder höherer Wert der OHG-Mitgliedschaft (§ 97 Abs. 3). Deren Wert ermittelt sich nach dem anteiligen Aktivvermögen der OHG (§ 38 S. 2). Die Spezialbestimmung des § 54 gilt nicht für OHG-Beteiligungen.	2,0 Gebühr, mind. 120 EUR (Nr. 21100 KV)
– Anmeldung zum Handelsregister (Entwurf mit Unterschriftsbeglaubigung)	Für die Erstanmeldung einer OHG mit zwei Gesellschaftern 45.000 EUR; hat die Gesellschaft mehr als zwei Gesellschafter, erhöht sich der Wert für den dritten und jeden weiteren Gesellschafter um jeweils 15.000 EUR (§ 105 Abs. 3 Nr. 2). Für spätere Anmeldungen 30.000 EUR; bei Eintritt oder Ausscheiden von mehr als zwei Gesellschaftern sind als Geschäftswert 15.000 EUR für jeden eintretenden und ausscheidenden Gesellschafter anzunehmen (§ 105 Abs. 4 Nr. 3).	0,5 Gebühr, mind. 30 EUR (Nr. 21201 Nr. 5 KV i.V.m. 24102 KV i.V.m. § 92 Abs. 2), wenn der Notar den Entwurf der Anmeldung fertigt und die Unterschrift beglaubigt. Wenn der Notar nur die Unterschrift beglaubigt: 0,2 Gebühr, mind. 20 EUR, höchstens 70 EUR (Nr. 25100 KV).
Option	Der Wert eines Ankaufsrechts oder eines sonstigen Erwerbs- oder Veräußerungsrechts ist der Wert des Gegenstands, auf den sich das Recht bezieht (§ 51 Abs. 1 S. 1). Der Wert eines Vorkaufs- oder Wiederkaufsrechts ist die Hälfte des Werts nach § 51 Abs. 1 S. 1 (§ 51 Abs. 1 S. 2). Ist der so bestimmte Wert nach den besonderen Umständen des Einzelfalls unbillig, kann ein höherer oder ein niedrigerer Wert angenommen werden (§ 51 Abs. 3).	2,0, mind. 120 EUR (Nr. 21100 KV). Dabei ist es gleichgültig, ob das Optionsrecht als Angebot, aufschiebend bedingter Kaufvertrag oder als Vorvertrag ausgestaltet ist.
Pachtvertrag	Der Geschäftswert bei der Beurkundung eines Pachtvertrages ist der Wert aller Leistungen des Pächters während der gesamten Vertragszeit (§ 99 Abs. 1 S. 1). Bei Pachtverträgen von unbestimmter Vertragsdauer ist der auf die ersten fünf Jahre entfallende Wert der Leistungen maßgebend; ist jedoch die Auflösung des Vertrags erst zu einem späteren Zeitpunkt zulässig, ist dieser maßgebend (§ 99 Abs. 1 S. 2). In keinem Fall darf der Geschäftswert den auf die ersten 20 Jahre entfallenden Wert übersteigen (§ 99 S. 3).	2,0 Gebühr, mind. 120 EUR (Nr. 21100 KV)

Gebührentatbestand	Geschäftswert	Gebührensatz
	Wird der Pachtvertrag zusammen mit einem Grundstückskaufvertrag in einer Urkunde abgeschlossen, so sind beide Verträge grds. Verschiedene Beurkundungsgegenstände nach § 86 Abs. 2; ihre Werte werden nach § 35 Abs. 1 addiert.	
Partnerschaftsgesellschaft (Anmeldung zum Partnerschaftsregister – Entwurf mit Unterschriftsbeglaubigung)	Für die Erstanmeldung einer Partnerschaftsgesellschaft mit zwei Gesellschaftern 45.000 EUR; hat die Gesellschaft mehr als zwei Gesellschafter, erhöht sich der Wert für den dritten und jeden weiteren Gesellschafter um jeweils 15.000 EUR (§ 105 Abs. 3 Nr. 2). Für spätere Anmeldungen 30.000 EUR; bei Eintritt oder Ausscheiden von mehr als zwei Partnern sind als Geschäftswert 15.000 EUR für jeden eintretenden und ausscheidenden Partner anzunehmen (§ 105 Abs. 4 Nr. 3).	0,5 Gebühr, mind. 30 EUR (Nr. 21201 Nr. 5 KV i.V.m. 24102 KV i.V.m. § 92 Abs. 2), wenn der Notar den Entwurf der Anmeldung fertigt und die Unterschrift beglaubigt. Wenn der Notar nur die Unterschrift beglaubigt: 0,2 Gebühr, mind. 20 EUR, höchstens 70 EUR (Nr. 25100 KV).
Patientenverfügung	Hilfswert 5.000 EUR (§ 36 Abs. 3). Grds. bestimmt sich der Geschäftswert bei nichtvermögensrechtlichen Angelegenheiten unter Berücksichtigung aller Umstände des Einzelfalls, insbesondere des Umfangs und der Bedeutung der Sache und der Vermögens- und Einkommensverhältnisse der Beteiligten nach billigem Ermessen; er beträgt höchstens 1 Mio. EUR. Bei Zusammenbeurkundung mit Vorsorgevollmacht siehe dort.	1,0 Gebühr, mind. 60 EUR (Nr. 21200 KV)
Pfandfreigabe	Vergleich zwischen dem Nennbetrag des Grundpfandrechts und dem Wert des freigegebenen Grundstücks, wobei der geringere Wert maßgebend ist (§ 44 Abs. 1 S. 1). Betrifft die Pfandfreigabe mehrere Grundpfandrechte, so ist der Wertvergleich für jedes Grundpfandrecht einzeln durchzuführen und hieraus die Summe gem. § 35 Abs. 1 zu bilden; denn es liegen verschiedene Beurkundungsgegenstände nach § 86 Abs. 2 vor. Werden hingegen mehrere Grundstücke bezüglich eines ein-	0,5 Gebühr, mind. 30 EUR (Nr. 21201 Nr. 4 KV i.V.m. 24102 KV i.V.m. § 92 Abs. 2), wenn der Notar den Entwurf der Pfandfreigabe fertigt und die Unterschrift beglaubigt. Wenn der Notar nur die Unterschrift beglaubigt: 0,2 Gebühr, mind. 20 EUR, höchstens 70 EUR (Nr. 25100 KV).

Gebühren- und Geschäftswert-ABC (Stand: 21.5.2013)

Gebührentatbestand	Geschäftswert	Gebührensatz
	zigen Grundpfandrechts freigegeben, so ist der Wertevergleich dergestalt durchzuführen, dass dem Nennbetrag des Grundpfandrechts die Wertesumme aller Grundstücke gegenübergestellt wird.	
Pfandunterstellung	Wertbestimmung wie bei Pfandfreigabe (§ 44 Abs. 1 S. 1)	1,0 Gebühr, mind. 60 EUR (Nr. 21200 KV), wenn – wie im Regelfall – Unterwerfung unter die sofortige Zwangsvollstreckung gem. § 800 ZPO beurkundet wird. 0,5 Gebühr, mind. 30 EUR (Nr. 21201 Nr. 4 KV i.V.m. 24102 KV i.V.m. § 92 Abs. 2), wenn der Notar den Entwurf der Pfandfreigabe ohne Zwangsvollstreckungsunterwerfung fertigt und die Unterschrift beglaubigt. Wenn der Notar nur die Unterschrift beglaubigt: 0,2 Gebühr, mind. 20 EUR, höchstens 70 EUR (Nr. 25100 KV).
Pflichtteilsverzicht	Wert des entsprechenden Bruchteils des Nachlasses am Vermögen des künftigen Erblassers zum Zeitpunkt der Beurkundung, wobei Verbindlichkeiten nur bis zur Hälfte des Vermögens abgezogen werden (§ 102 Abs. 4 i.V.m. Abs. 1 S. 1, 2). Bei Vereinbarung eines Pflichtteilsverzichts zusammen mit erbvertraglichen Regelungen in einer Urkunde liegt ein verschiedener Beurkundungsgegenstand vor (§ 111 Nr. 1).	2,0 Gebühr, mind. 120 EUR (Nr. 21100 KV)
Rangbescheinigung	Geschäftswert einer Mitteilung über die dem Grundbuchamt bei Einreichung eines Antrags vorliegenden weiteren Anträge einschließlich des sich daraus ergebenden Rangs für das beantragte Recht (Rangbescheinigung) ist der Wert des beantragten Rechts (§ 122)	0,3 Gebühr (Nr. 25201 KV)
Rangveränderung	Bei Einräumung des Vorrangs oder des gleichen Rangs ist Geschäftswert der Wert des vortretenden Rechts, höchstens jedoch der Wert des zurücktretenden Rechts (§ 45 Abs. 1).	0,5 Gebühr, mind. 30 EUR (Nr. 21201 Nr. 4 KV i.V.m. 24102 KV i.V.m. § 92 Abs. 2), wenn der Notar den Entwurf der Rangerklärung bzw. des Wirksamkeitsvermerks fertigt und die Unterschrift beglaubigt.

Gebührentatbestand	Geschäftswert	Gebührensatz
	Dasselbe gilt für einen Wirksamkeitsvermerk (§ 45 Abs. 2 S. 2). Wird die Rangänderung oder der Wirksamkeitsvermerk zusammen mit der Neubestellung eines Grundpfandrechts beurkundet, so liegt derselbe Beurkundungsgegenstand vor (§ 109 Abs. 1 S. 4 Nr. 3). Bewertet wird daher nur die Grundschuldbestellung, die Rangerklärung bzw. der Wirksamkeitsvermerk bleibt unbewertet.	Wenn der Notar nur die Unterschrift beglaubigt: 0,2 Gebühr, mind. 20 EUR, höchstens 70 EUR (Nr. 25100 KV).
Sachenrechtsbereinigung siehe Notarielles Vermittlungsverfahren		
Scheidungsvereinbarungen siehe Ehevertrag		
Schiedsspruch mit vereinbartem Wortlaut nach § 1053 ZPO		
– Verfahren über Antrag auf Vollstreckbarerklärung	Wert des für vollstreckbar erklärten Anspruches (§ 118)	2,0 Gebühr (Nr. 23801 KV). Endet das gesamte Verfahren durch Zurücknahme des Antrags, so ermäßigt sich die Gebühr auf 1,0 (Nr. 23802 KV).
– Erteilung einer vollstreckbaren Ausfertigung	Wert des vollstreckbaren Anspruchs (§ 118)	In der Regel gebührenfrei, es sei denn, die Voraussetzungen der Nr. 23803 KV liegen vor.
– Vollstreckungsklauselumschreibung	Höhe des Betrages, weswegen die Zwangsvollstreckung aus der umgeschriebenen Ausfertigung betrieben werden kann (§ 118)	0,5 Gebühr (Nr. 23803 KV)
Schuldanerkenntnis/ Schuldversprechen	Wert der anerkannten bzw. versprochenen Schuld (§ 97 Abs. 1). Eine hierüber erklärte Zwangsvollstreckungsunterwerfung ist derselbe Beurkundungsgegenstand (§ 109 Abs. 2 S. 1 Nr. 3).	1,0 Gebühr, mind. 60 EUR (Nr. 21200 KV); denn obwohl Vertrag, wird in aller Regel nur die Erklärung des Anerkennenden beurkundet.
Siegelung	Der Geschäftswert für die Aufnahme von Vermögensverzeichnissen sowie für Siegelungen und Entsiegelungen ist der Wert der verzeichneten oder versiegelten Gegenstände (§ 115 S. 1). Dies gilt auch für die Mitwirkung als Urkundsperson bei der Aufnahme von Vermögensverzeichnissen (§ 115 S. 2). Verbindlichkeiten sind nicht abzuziehen (§ 38).	2,0 (Nr. 23500 KV) für das Verfahren über die Aufnahme eines Vermögensverzeichnisses einschließlich der Siegelung. Die Gebühr entsteht nicht, wenn die Aufnahme des Vermögensverzeichnisses Teil eines beurkundeten Vertrags ist (Anm. zu Nr. 23500 KV). Die mit der Tätigkeit verbundene Niederschrift wird durch die Gebühr mit abgegolten (Vorbem. 2.3 Abs. 1 S. 1 KV).

Gebührentatbestand	Geschäftswert	Gebührensatz
		Bei vorzeitiger Beendigung des Verfahrens ermäßigt sich die Gebühr auf 0,5 (Nr. 23501 KV). 1,0 Gebühr (Nr. 23502 KV) für die Mitwirkung als Urkundsperson bei der Aufnahme eines Vermögensverzeichnisses einschließlich der Siegelung. 0,5 Gebühr (Nr. 25303 KV) für die Siegelung, die nicht mit den Gebühren Nr. 23500 KV oder 23502 KV abgegolten ist, und Entsiegelung (Nr. 23503 KV).
Sorgeerklärung	Hilfswert 5.000 EUR (§ 36 Abs. 3). Grds. bestimmt sich der Geschäftswert bei nichtvermögensrechtlichen Angelegenheiten unter Berücksichtigung aller Umstände des Einzelfalls, insbesondere des Umfangs und der Bedeutung der Sache und der Vermögens- und Einkommensverhältnisse der Beteiligten nach billigem Ermessen; er beträgt höchstens 1 Mio. EUR.	1,0 Gebühr, mind. 60 EUR (Nr. 21200 KV).
Tauschvertrag	Wert der höheren Gegenleistung maßgeblich, soweit ein Wertunterschied besteht (§ 97 Abs. 3); ansonsten nur Wert der Leistungen des einen Teils zu berücksichtigen.	2,0 Gebühr, mind. 120 EUR (Nr. 21100 KV). Eventuell kommen Vollzugsgebühr (siehe dazu unter Vollzug) und/oder Betreuungsgebühren (siehe dazu unter Nebentätigkeiten) hinzu.
Teilungserklärung siehe Wohnungseigentum		
Testament		
– Errichtung eines Einzeltestamentes	§ 102 Abs. 1: Geschäftswert bei der Beurkundung einer Verfügung von Todes wegen ist, wenn über den ganzen Nachlass oder einen Bruchteil verfügt wird, der Wert des Vermögens oder der Wert des entsprechenden Bruchteils des Vermögens. Verbindlichkeiten des Erblassers werden abgezogen, jedoch nur bis zur Hälfte des Werts des Vermögens. Vermächtnisse und Auflagen werden nur bei Verfügung über einen Bruchteil und nur mit dem Anteil ihres Werts hinzugerechnet, der dem Bruchteil entspricht, über den nicht verfügt wird.	1,0 Gebühr, mind. 60 EUR (Nr. 21200 KV).

Gebührentatbestand	Geschäftswert	Gebührensatz
	§ 102 Abs. 2: Verfügt der Erblasser außer über die Gesamtrechtsnachfolge daneben über Vermögenswerte, die noch nicht zu seinem Vermögen gehören, jedoch in der Verfügung von Todes wegen konkret bezeichnet sind, wird deren Wert hinzugerechnet. Von dem Begünstigten zu übernehmende Verbindlichkeiten werden abgezogen, jedoch nur bis zur Hälfte des Vermögenswerts. Die Sätze 1 und 2 gelten bei gemeinschaftlichen Testamenten nicht für Vermögenswerte, die bereits nach § 102 Abs. 1 berücksichtigt sind. § 102 Abs. 3: Betrifft die Verfügung von Todes wegen nur bestimmte Vermögenswerte, ist deren Wert maßgebend; § 102 Abs. 2 S. 2 gilt entsprechend. Für land- oder forstwirtschaftliches Vermögen erfolgt die Wertberechnung nach § 48 (vierfacher Einheitswert). Wenn in einem Testament nur nichtvermögensrechtliche Bestimmungen (z.B. Anordnung einer Testamentsvollstreckung etc.) getroffen werden, sind diese nach § 51 Abs. 2 zu bewerten: 30 % des von der Testamentsvollstreckung betroffenen Gegenstands.	
– Gemeinschaftliches Testament	Wie oben	2,0 Gebühr, mind. 120 EUR (Nr. 21100 KV).
– Widerruf, Aufhebung, Anfechtung (s. unter Erbvertrag)		
Übergabevertrag	Bei einer unentgeltlichen Grundstücksüberlassung bemisst sich der Geschäftswert nach § 46. Der Wert eines im Wege vorweggenommener Erbfolge abgeschlossenen teilentgeltlichen Grundstücksübergabevertrages wird nach § 97 Abs. 3 ermittelt durch Vergleich zwischen der Leistung des Übergebers und dem Wert der Gegenleistung des Erwerbers; der höhere Wert ist maßgebend.	2,0 Gebühr, mind. 120 EUR (Nr. 21100 KV). Ggf. zusätzlich Vollzugsgebühr (siehe dazu unter „Vollzug") und Betreuungsgebühr (siehe dazu unter „Nebentätigkeiten").

Gebührentatbestand	Geschäftswert	Gebührensatz
	Bei einer landwirtschaftlichen Übergabe ist – unter den Voraussetzungen des § 48 – die Leistung des Übergebers mit dem 4fachen Einheitswert anzusetzen. Ist dieser Wert höher als der Verkehrswert, so ist der Verkehrswert maßgebend (vgl. § 48 Abs. 1 S. 1 „höchstens das Vierfache des letzten Einheitswerts"). Häufig ist jedoch die Gegenleistung des Erwerbers höher als der 4fache Einheitswert und daher maßgeblich (§ 97 Abs. 3). Ein Schuldenabzug ist gem. § 38 nicht vorzunehmen, auch nicht bei Übergabe eines Gewerbebetriebes oder eines Handelsgeschäftes. Ist die Austauschleistung des Erwerbers ein Wohnungsrecht, eine Leibrente, eine dauernde Last oder eine sonst wiederkehrende Leistung, so wird der Geschäftswert nach § 52 berechnet; dabei gibt es ein Verwandtenprivileg gem. § 24 Abs. 3 KostO nicht mehr. Preisklauseln (Wertsicherungsklauseln) werden nicht berücksichtigt (§ 52 Abs. 7). Ein mitbeurkundeter Erb- oder Pflichtteilsverzicht von Geschwistern des Erwerbers („weichende Erben") hat einen verschiedenen Beurkundungsgegenstand nach § 86 Abs. 2. Zu seinem Wert siehe bei „Erbverzicht" bzw. „Pflichtteilsverzicht".	
Umwandlung – Verschmelzung – Vertrag	Zu vergleichen ist das Aktivvermögen des übertragenden Rechtsträgers mit dem Wert der ggf. gewährten Beteiligung (§ 97 Abs. 3); der Mindestwert beträgt 30.000 EUR, der Höchstwert 10 Mio. EUR (§ 107 Abs. 1 S. 1). Mitbeurkundete Verzichtserklärungen bleiben unbewertet, weil sie zum Vertrag derselben Beurkundungsgegenstand nach § 109 Abs. 1 S. 1–3 sind.	2,0 Gebühr, mind. 120 EUR (Nr. 21100 KV).

Gebührentatbestand	Geschäftswert	Gebührensatz
	Werden Verschmelzungsvertrag und Zustimmungsbeschluss in einer Urkunde beurkundet, liegen verschiedene Beurkundungsgegenstände vor (§ 110 Nr. 1); die Werte sind gem. § 35 Abs. 1 zu addieren und die 2,0 Gebühr ist nach Nr. 21100 KV aus der Wertesumme zu erheben.	
– Zustimmungsbeschluss	Aktivvermögen des übertragenden Rechtsträgers (§ 108 Abs. 3 S. 1). Mehrere Zustimmungsbeschlüsse haben denselben Beurkundungsgegenstand (§ 109 Abs. 2 S. 1 Nr. 4 Buchst. g). Der Mindestwert beträgt 30.000 EUR (§ 108 Abs. 1 S. 2 i.V.m. § 105 Abs. 1 S. 2), der Höchstwert beträgt 5 Mio. EUR (§ 108 Abs. 5). Werden Zustimmungsbeschluss und Verschmelzungsvertrag in einer Urkunde beurkundet, liegen verschiedene Beurkundungsgegenstände vor (§ 110 Nr. 1); die Werte sind gem. § 35 Abs. 1 zu addieren und die 2,0 Gebühr ist nach Nr. 21100 KV aus der Wertesumme zu erheben.	2,0 Gebühr, mind. 120 EUR (Nr. 21100 KV).
– Handelsregisteranmeldung(en) (Entwurf mit Unterschriftsbeglaubigung)	Bei Kapitalgesellschaft: 1 % des Grund- oder Stammkapitals, mindestens 30.000 EUR, höchstens 1 Mio. EUR (§ 105 Abs. 1 bzw. 4 Nr. 1, § 106); bei Personengesellschaften als beteiligten Rechtsträgern siehe die hierfür einschlägigen Bestimmungen des § 105 Abs. 1 oder 3	0,5 Gebühr, mind. 30 EUR (Nr. 21201 Nr. 5 KV i.V.m. 24102 KV i.V.m. § 92 Abs. 2), wenn der Notar den Entwurf der Anmeldung fertigt und die Unterschrift beglaubigt. Wenn der Notar nur die Unterschrift beglaubigt: 0,2 Gebühr, mind. 20 EUR, höchstens 70 EUR (Nr. 25100 KV).
– Verzichtserklärungen	Teilwert aus dem Anteil bzw. den Anteilen der Verzichtenden (§ 36 Abs. 1). Ca. 10 bis 30 % dürften angemessen sein.	1,0 Gebühr, mind. 60 EUR (Nr. 21200 KV). Aber: Verzichtserklärungen bleiben in der Regel unbewertet, weil sie im Hinblick auf den kostengünstigsten Weg zusammen mit dem Vertrag beurkundet werden müssen; hierzu sind sie aber derselbe Beurkundungsgegenstand nach § 109 Abs. 1 S. 1–3.

Gebühren- und Geschäftswert-ABC (Stand: 21.5.2013)

Gebührentatbestand	Geschäftswert	Gebührensatz
– Spaltung		
– Spaltungsvertrag oder -plan	Bei Abspaltungen oder Ausgliederungen ist der Wert des übergehenden Vermögens maßgebend oder eine höhere Beteiligung (§ 97 Abs. 3). Der Mindestwert beträgt 30.000 EUR, der Höchstwert 10 Mio. EUR (§ 107 Abs. 1 S. 1).	2,0 Gebühr, mind. 120 EUR (Nr. 21100 KV) bei Spaltungs- und Übernahmevertrag; 1,0 Gebühr, mind. 60 EUR (Nr. 21200 KV) bei Spaltungsplan.
– Zustimmungsbeschlüsse	Bei Abspaltungen oder Ausgliederungen ist der Wert des übergehenden Vermögens maßgebend (§ 108 Abs. 3 S. 2). Mehrere Zustimmungsbeschlüsse haben denselben Beurkundungsgegenstand (§ 109 Abs. 2 S. 1 Nr. 4 Buchst. g). Der Mindestwert beträgt 30.000 EUR (§ 108 Abs. 1 S. 2 i.V.m. § 105 Abs. 1 S. 2), der Höchstwert beträgt 5 Mio. EUR (§ 108 Abs. 5). Werden Zustimmungsbeschluss und Spaltungsvertrag oder Spaltungsplan in einer Urkunde beurkundet, liegen verschiedene Beurkundungsgegenstände vor (§ 110 Nr. 1). Bei identischem Gebührensatz ist nach § 35 Abs. 1 zu verfahren (Werteaddition). Bei unterschiedlichen Gebührensätzen ist eine Vergleichsberechnung nach § 94 Abs. 1 vorzunehmen.	Grds. wie bei Verschmelzung
– Verzichtserklärungen	Grds. wie bei Verschmelzung	Grds. wie bei Verschmelzung
– Entwurf Handelsregisteranmeldung mit Unterschriftsbeglaubigung	Grds. wie bei Verschmelzung	Grds. wie bei Verschmelzung
– Formwechsel		
– Formwechselbeschluss	Aktivvermögen des formwechselnden Rechtsträgers (§ 108 Abs. 3 S. 1). Der Mindestwert beträgt 30.000 EUR (§ 108 Abs. 1 S. 2 i.V.m. § 105 Abs. 1 S. 2), der Höchstwert beträgt 5 Mio. EUR (§ 108 Abs. 5).	2,0 Gebühr, mind. 120 EUR (Nr. 21100 KV).
– Zustimmungsbeschluss	Grds. wie bei Verschmelzung	Grds. wie bei Verschmelzung

Gebühren- und Geschäftswert-ABC (Stand: 21.5.2013)

Gebührentatbestand	Geschäftswert	Gebührensatz
– Verzichtserklärungen	Grds. wie bei bei Verschmelzung	1,0 Gebühr, mind. 60 EUR (Nr. 21200 KV). Werden die Verzichtserklärungen in einer Urkunde mit dem Formwechselbeschluss beurkundet, so liegen verschiedene Beurkundungsgegenstände nach § 110 Nr. 1 vor. Wegen der verschiedenen Gebührensätze ist nach § 94 Abs. 1 zu verfahren.
– Entwurf Handelsregisteranmeldung mit Unterschriftsbeglaubigung	Grds. wie bei bei Verschmelzung	Grds. wie bei bei Verschmelzung
Unterhaltsverpflichtung gegenüber Kindern jeden Alters (unabhängig davon, ob deren Eltern miteinander verheiratet waren oder nicht)		Gebührenfrei (Vorbem. 2 Abs. 3 KV). Bei Unterhaltsverpflichtung in Scheidungsvereinbarung gilt dies nicht (siehe insoweit bei „Ehevertrag").
Unternehmergesellschaft (haftungsbeschränkt): siehe GmbH		
Unterschriftsbeglaubigung: siehe Beglaubigung einer Unterschrift		
Unterwerfung unter die sofortige Zwangsvollstreckung in besonderer Urkunde (ohne gleichzeitige Beurkundung des zugrundeliegenden Geschäfts)	Voller Forderungsbetrag (§ 97 Abs. 1)	1,0 Gebühr, mind. 60 EUR (Nr. 21200 KV).
Unzeittätigkeit	Ohne Wert	Tätigkeiten, die auf Verlangen der Beteiligten an Sonntagen und allgemeinen Feiertagen, an Sonnabenden vor 8 und nach 13 Uhr sowie an den übrigen Werktagen außerhalb der Zeit von 8 bis 18 Uhr vorgenommen werden: 30 % der für das Verfahren oder das Geschäft zu erhebenden Gebühr, höchstens 30 EUR (Nr. 26000 KV).
Vaterschaftsanerkenntnis		Gebührenfrei (Vorbem. 2 Abs. 3 KV).
Verein		
– Erstanmeldung zum Vereinsregister (Entwurf mit Unterschriftsbeglaubigung)	Grds. § 36 Abs. 1. Hilfswert nach § 36 Abs. 3: 5.000 EUR. Höchstwert: 1 Mio. EUR (§ 106).	0,5 Gebühr, mind. 30 EUR (Nr. 21201 Nr. 5 KV i.V.m. 24102 KV i.V.m. § 92 Abs. 2), wenn der Notar den Entwurf der Anmeldung fertigt und die Unterschrift beglaubigt.

Gebührentatbestand	Geschäftswert	Gebührensatz
		Wenn der Notar nur die Unterschrift beglaubigt: 0,2 Gebühr, mind. 20 EUR, höchstens 70 EUR (Nr. 25100 KV).
– Anmeldung von Veränderungen	Grds. wie bei der Erstanmeldung Jedoch hat jede Veränderung einen verschiedenen Beurkundungsgegenstand nach § 111 Nr. 3. Demgemäß kann der Hilfswert nach § 36 Abs. 3 in Höhe von 5.000 EUR bei Bestellung neuer und Ausscheiden alter Vorstandsmitglieder für jede wechselnde Person gesondert anfallen (Zur KostO: OLG Hamm RNotZ 2009, 554 = MittBayNot 2009, 486).	Wie vor
Verlosung		
– Verlosung durch Notar	Wert der verlosten Gegenstände bzw. bei Geldlotterien der zu verlosende Betrag; steht ein solcher nicht fest, ist er nach billigem Ermessen zu bestimmen, § 36 Abs. 1. Ggfs. Ist auf den Hilfswert nach § 36 Abs. 3 in Höhe von 5.000 EUR zurückzugreifen.	2,0 (Nr. 23200 KV). Die Gebühr entsteht auch, wenn der Notar Prüfungstätigkeiten übernimmt (Anm. zu Nr. 23200 KV). Die mit der Tätigkeit verbundene Niederschrift wird durch die Gebühr mit abgegolten (Vorbem. 2.3 Abs. 1 S. 1 KV). Endet das Verlosungsverfahren vorzeitig, ermäßigt sich die Gebühr auf 0,5 (Nr. 23201 KV).
– Reine Beurkundung des Verlosungshergangs	Wie vor	1,0 Gebühr, mind. 60 EUR (Nr. 21200 KV).
Vermögensverzeichnis: siehe Siegelung		
Verpfändung Eigentumsverschaffungsanspruch	Betrag der Forderung (Kaufpreis nach § 47 S. 1) bzw. Wert des Pfandes (in der Regel Nominalbetrag des Grundpfandrechts), wenn dieser geringer ist (§ 53 Abs. 1). Bei gleichzeitig bestelltem Grundpfandrecht liegt derselbe Beurkundungsgegenstand nach § 109 Abs. 1 S. 1–3 vor.	1,0 Gebühr, mind. 60 EUR (Nr. 21200 KV).
– Verpfändung Anspruch aus erklärter Auflassung	Wie vor	2,0 Gebühr, mind. 120 EUR (Nr. 21100 KV)
– Löschungserklärung über Pfändungsvermerk im Grundbuch	Wie oben	0,5 Gebühr, mind. 30 EUR (Nr. 21201 Nr. 4 KV i.V.m. 24102 KV i.V.m. § 92 Abs. 2), wenn der Notar den Entwurf der Lö-

Gebühren- und Geschäftswert-ABC (Stand: 21.5.2013)

Gebührentatbestand	Geschäftswert	Gebührensatz
		schungserklärung fertigt und die Unterschrift beglaubigt. Wenn der Notar nur die Unterschrift beglaubigt: 0,2 Gebühr, mind. 20 EUR, höchstens 70 EUR (Nr. 25100 KV).
Verwahrung		
– von Geld, Wertpapieren und Kostbarkeiten	Der Geschäftswert bei der Verwahrung von Geldbeträgen bestimmt sich nach der Höhe des jeweils ausgezahlten Betrages (§ 124 S. 1). Bei der Entgegennahme von Wertpapieren und Kostbarkeiten zur Verwahrung ist Geschäftswert der Wert der Wertpapiere oder Kostbarkeiten (§ 124 S. 2).	Verwahrung von Geldbeträgen: 1,0 Gebühr je Auszahlung (Nr. 25300 KV). Bei Beträgen von mehr als 13 Mio. EUR beträgt die Gebühr 0,1 % des Auszahlungsbetrages. Entgegennahme von Wertpapieren und Kostbarkeiten zur Verwahrung: 1,0 Gebühr (Nr. 25301 KV). Bei Werten von mehr als 13 Mio. EUR beträgt die Gebühr 0,1 % des Werts. Durch die Gebühr wird die Verwahrung mit abgegolten (Anm. zur Nr. 25301 KV). Die Verwahrungsgebühren entstehen neben Gebühren für Betreuungstätigkeiten gesondert (Vorbem. 2.5.3 Abs. 1; s. auch Nr. 22200 Anm. Nr. 4 KV). Der allgemeine Höchstwert von 60 Mio. EUR gilt nicht (Vorbem. 2.5.3 Abs. 2 KV).
– von anderen Gegenständen	Wert der Gegenstände. Steht er nicht fest, ist er nach billigem Ermessen zu bestimmen (§ 36 Abs. 1). Ggf. ist auf den Hilfswert des § 36 Abs. 3 i.H.v. 5.000 EUR zurückzugreifen.	Vereinbarung eines öffentlich-rechtlichen Vertrags nach § 126.
Verwalter		
– Zustimmung des Verwalters einer Wohnungseigentumsanlage zur Veräußerung eines Wohnungs- oder Teileigentums (§ 12 WEG)	Halber Wert der Veräußerungsurkunde (§ 98 Abs. 1), höchstens 1 Mio. EUR (§ 98 Abs. 4). Wird Verwalterzustimmung im Veräußerungsvertrag erklärt, fällt hierfür keine gesonderte Gebühr an, weil sie zum Veräußerungsvertrag denselben Beurkundungsgegenstand hat (§ 109 Abs. 1 S. 1–3).	0,5 Gebühr, mind. 30 EUR (Nr. 21201 Nr. 4 KV i.V.m. 24102 KV i.V.m. § 92 Abs. 2), wenn der Notar den Entwurf der Verwalterzustimmung fertigt und die Unterschrift beglaubigt. Aber: Fertigt der Notar den Entwurf innerhalb des Vollzugs der Veräußerungsurkunde, so erhält der Notar lediglich die Vollzugsgebühr, jedoch keine gesonderte Entwurfsgebühr (Vorbem. 2.2 Abs. 2 KV sowie Vorbem. 2.4.1 Abs. 1 S. 2 KV).

Gebührentatbestand	Geschäftswert	Gebührensatz
		Wenn der Notar nur die Unterschrift beglaubigt: 0,2 Gebühr, mind. 20 EUR, höchstens 70 EUR (Nr. 25100 KV).
– Verwalterbestellungsprotokoll gem. § 26 Abs. 3 WEG (Unterschriftsbeglaubigung)	Ohne Wert	20 EUR (Nr. 25101 Nr. 3 KV)
Verweisungsurkunde nach § 13a BeurkG (auch Grundlagen-, Bezugs-, Mutter- oder Stammurkunde genannt)	10 bis 30 % des Bezugswertes, etwa der Gesamtbaukosten (§ 36 Abs. 1)	1,0 Gebühr, mind. 60 EUR (Nr. 21200 KV).
Vollmacht	Bei der Beurkundung einer Vollmacht zum Abschluss eines bestimmten Rechtsgeschäfts ist Geschäftswert die Hälfte des Geschäftswerts für die Beurkundung des Geschäfts, auf das sich die Vollmacht bezieht (§ 98 Abs. 1). Bei Vollmachten aufgrund einer gegenwärtigen oder künftigen Mitberechtigung ermäßigt sich der nach § 98 Abs. 1 bestimmte Geschäftswert auf den Bruchteil, der dem Anteil der Mitberechtigung entspricht (§ 98 Abs. 2 S. 1). Bei Gesamthandverhältnissen ist der Anteil entsprechend der Beteiligung an dem Gesamthandvermögen zu bemessen (§ 98 Abs. 2 S. 3). Der Geschäftswert bei der Beurkundung einer allgemeinen Vollmacht ist nach billigem Ermessen zu bestimmen; dabei sind der Umfang der erteilten Vollmacht und das Vermögen des Vollmachtgebers angemessen zu berücksichtigen (§ 98 Abs. 3 S. 1). Der zu bestimmende Geschäftswert darf die Hälfte des Vermögens des Auftraggebers nicht übersteigen (§ 98 Abs. 3 S. 2). Dies gilt auch für eine Vorsorgevollmacht nach Art einer Generalvollmacht. In allen Fällen beträgt der anzunehmende Geschäftswert höchstens 1 Mio. EUR (§ 98 Abs. 4). Enthält die Urkunde über die Vorsorgevollmacht auch eine Betreuungsverfügung und eine Patientenverfügung, so sind Betreu-	1,0 Gebühr, mind. 60 EUR (Nr. 21200 KV). Wird allerdings das Grundgeschäft (Auftrag, Geschäftsbesorgung) unter Beteiligung des Beauftragten mitbeurkundet, so fällt eine 2,0 Gebühr, mind. 120 EUR nach Nr. 21100 an. Bei Vorsorgevollmacht fällt eine 0,5 Betreuungsgebühr nach Nr. 22200 Anm. Nr. 3 KV an, wenn der Notar die Ausfertigung der Vollmacht erst nach Vorlage eines ärztlichen Zeugnisses erteilen soll. Ihr Wert bestimmt sich nach dem Wert der Vollmachtsurkunde (§ 113 Abs. 1). Die Übermittlung von Anträgen an das Zentrale Vorsorgeregister sind gebührenfrei (Vorbem. 2.1 Abs. 2 Nr. 1 bzw. 2 KV). Vom Notar verauslagte Registrierungsgebühren kann er als Auslagen auf die Beteiligten umlegen (Nr. 32015 KV).

Gebührentatbestand	Geschäftswert	Gebührensatz
	ungsverfügung und Patientenverfügung derselbe Beurkundungsgegenstand (§ 109 Abs. 2 S. 1 Nr. 1); die Vorsorgevollmacht ist zu ihnen allerdings ein verschiedener Beurkundungsgegenstand (§ 110 Nr. 3). Alle drei Erklärungen unterliegen demselben Gebührensatz (1,0 Gebühr, mind. 60 EUR nach Nr. 21200 KV). Eine Belastungsvollmacht im Grundstückskaufvertrag ist zum Kaufvertrag derselbe Beurkundungsgegenstand und bleibt unbewertet (§ 109 Abs. 1 S. 4 Nr. 1 Buchst. c); denn der Kaufvertrag regiert als vorherrschendes Rechtsverhältnis den Geschäftswert (§ 109 Abs. 1 S. 5).	
Vollstreckbarerklärung		
– Verfahren über die Vollstreckbarerklärung eines Anwaltsvergleichs nach § 796a ZPO: siehe bei „Anwaltsvergleich"		
– Verfahren über die Vollstreckbarerklärung eines Schiedsspruchs mit vereinbartem Wortlaut nach § 1053 ZPO: siehe bei „Schiedsspruch mit vereinbartem Wortlaut"		
– Verfahren über die Ausstellung einer Bestätigung nach § 1079 ZPO	Ohne Wert	15 EUR (Nr. 23804 KV).
– Verfahren über einen Antrag auf Vollstreckbarerklärung einer notariellen Urkunde nach § 55 Abs. 3 AVAG oder nach § 35 Abs. 3 AUG	Ohne Wert	240 EUR (Nr. 23805 KV). Endet das gesamte Verfahren durch Zurücknahme des Antrags, so ermäßig sich die Gebühr auf 90 EUR (Nr. 23806 KV).
– Verfahren über die Ausstellung einer Bescheinigung nach § 56 AVAG oder für die Ausstellung des Formblatts oder der Bescheinigung nach § 71 Abs. 1 AUG	Ohne Wert	15 EUR (Nr. 23807 KV)
Vollstreckungsklausel (Titelergänzende Klausel oder Klauselumschreibung)	Der Geschäftswert bestimmt sich nach den Ansprüchen, die Gegenstand der vollstreckbaren Ausfertigung sein sollen (§ 118).	0,5 Gebühr (Nr. 23803 KV). Die Gebühr fällt an für das Verfahren über die Erteilung einer vollstreckbaren Ausfertigung, wenn der Eintritt einer Tatsache oder eine Rechtsnachfolge zu prüfen ist

Gebührentatbestand	Geschäftswert	Gebührensatz
		(§§ 726 bis 729 ZPO). Eine Rechtsnachfolge liegt nicht vor bei einer reinen Namensänderung, wie z.B. Heirat oder Umfirmierung; die hierzu vorgenommene Klauselumschreibung bleibt gebührenfrei. Gebührenfrei bleibt mangels Gebührentatbestands auch die Erteilung einer weiteren vollstreckbaren Ausfertigung i.S.d. § 733 ZPO.
Vollzug Für Abgrenzung zur Betreuungs- und Treuhandgebühr siehe bei „Nebentätigkeiten"	Der Geschäftswert für den Vollzug ist der Geschäftswert des zugrunde liegenden Beurkundungsverfahrens (§ 112 S. 1). Liegt der zu vollziehenden Urkunde kein Beurkundungsverfahren zugrunde, ist der Geschäftswert derjenige Wert, der maßgeblich wäre, wenn diese Urkunde Gegenstand eines Beurkundungsverfahrens wäre (§ 112 S. 2).	Vollzugsgebühren nach den Nrn. 22110 ff. KV. Der Gebührenkatalog für die Vollzugsgebühr ist geschlossen. Die Vollzugsgebühr entsteht in demselben notariellen Verfahren oder bei der Fertigung eines Entwurfs nur einmal (§ 93 Abs. 1). Ausgenommen ist die spezielle Vollzugsgebühr für die Erzeugung einer XML-Datei; sie fällt neben der allgemeinen Vollzugsgebühr gesondert an (Anm. zu Nr. 22114 KV sowie Anm. zu Nr. 22125 KV).
Vorkaufsrecht (über Grundbesitz)	Grundsätzlich halber Grundstückswert (§ 51 Abs. 1 S. 2). Ist der so bestimmte Wert nach den besonderen Umständen des Einzelfalls unbillig, kann ein höherer oder ein niedrigerer Wert angenommen werden (§ 51 Abs. 3).	2,0 Gebühr, mind. 120 EUR (Nr. 21100 KV) bei Vereinbarung des schuldrechtlichen Bestellungsgeschäfts (bedarf nach § 311b Abs. 1 S. 1 BGB der Beurkundung) oder der sachenrechtlichen Einigung. Wird lediglich die Eintragungsbewilligung für ein dingliches Vorkaufsrecht beurkundet oder entworfen, fällt eine 0,5 Gebühr, mind. 30 EUR, an (Nr. 21201 Nr. 4 KV i.V.m. Nr. 24102 KV i.V.m. § 92 Abs. 2).
Vorsorgevollmacht: siehe Vollmacht		
Vorvertrag	Grundsätzlich Wert des Gegenstands, auf den sich das Vorkaufsrecht bezieht (§ 51 Abs. 1 S. 1). Ist der so bestimmte Wert nach den besonderen Umständen des Einzelfalls unbillig, kann ein niedrigerer Wert angenommen werden (§ 51 Abs. 3).	2,0 Gebühr, mind. 120 EUR (Nr. 21100 KV).

Gebühren- und Geschäftswert-ABC (Stand: 21.5.2013)

Gebührentatbestand	Geschäftswert	Gebührensatz
Vorzeitige Beendigung des Beurkundungsverfahrens		
– Noch keine Tätigkeit des Notars		20 EUR (Nr. 21300 KV)
– Beratung durch Notar	Siehe unter dem Hauptstichwort „Beratung".	Nr. 21301 KV: Beratungsgebühr (s. dazu näher unter dem Hauptstichwort „Beratung").
– Entwurfsfertigung	Siehe unter dem Hauptstichwort „Entwurf".	Nrn. 21302 – 21304 KV: Entwurfsgebühr (s. dazu näher unter dem Hauptstichwort „Entwurf").
Wechselprotest	Wechselsumme ohne Nebenleistungen (§§ 36 Abs. 1, 97 Abs. 1)	Verfahren über die Aufnahme eines Wechsel- und Scheckprotests: 0,5 Gebühr (Nr. 23400 KV). Die Gebühr fällt auch dann an, wenn ohne Aufnahme des Protestes an den Notar gezahlt oder ihm die Zahlung nachgewiesen wird (Anm. zu Nr. 23400 KV). Verfahren über die Aufnahme eines jeden Protests wegen Verweigerung der Ehrenannahme oder wegen unterbliebener Ehrenzahlung, wenn der Wechsel Notadressen enthält: 0,3 Gebühr (Nr. 23401 KV). Mit den Gebühren ist auch die Fertigung einer Niederschrift abgegolten (Vorbem. 2.3 Abs. 1 S. 1 KV). Neben den Gebühren werden die Gebühren Nr. 25300 KV (Verwahrung von Geldbeträgen) und Nr. 26002 KV (Auswärtsgebühr) nicht erhoben (Vorbem. 2.3.4).
Wiederkehrende Leistungen und Nutzungen	Wiederkehrende Nutzungen oder Leistungen bestimmen sich nach § 52. Dies ist die Nachfolgevorschrift zu § 24 und zu § 22 KostO. § 52 Abs. 1 bestimmt den Anwendungsbereich der Norm (Begr. RegE, BT-Drs. 17/11471, zu § 52, S. 171). Danach bestimmt sich der Wert einer Dienstbarkeit, einer Reallast oder eines sonstigen Rechts oder Anspruchs auf wiederkehrende oder dauernde Nutzungen oder Leistungen einschließlich des Unterlassens oder Duldens nach dem Wert, den das Recht für den Berechtigten oder das herrschende Grundstück hat.	

Gebührentatbestand	Geschäftswert	Gebührensatz
	Die maßgeblichen Vervielfältiger lauten: – Rechte von bestimmter Dauer: Zeitraum der Dauer, höchstens die ersten 20 Jahre (§ 52 Abs. 4); bei auf Lebensdauer beschränkten Rechten höchstens Wert nach Lebensalter gem. § 52 Abs. 4: ■ Bis zu 30 Jahre: die ersten 20 Jahre ■ Über 30 Jahre: die ersten 15 Jahre ■ Über 50 Jahre bis zu 70 Jahre: die ersten 10 Jahre ■ Über 70 Jahre: die ersten 5 Jahre; – Rechte von unbeschränkter Dauer: die ersten 20 Jahre (§ 52 Abs. 3 S. 1); – Rechte von unbestimmter Dauer: die ersten 10 Jahre, soweit sich aus § 52 Abs. 4 nichts anderes ergibt (§ 52 Abs. 3 S. 2). Das Verwandtenprivileg des § 24 Abs. 3 KostO wurde nicht übernommen. Nach der Hilfsvorschrift des § 52 Abs. 5 wird der Jahreswert mit 5 % des Werts des betroffenen Gegenstands oder Teils des betroffenen Gegenstands angenommen, sofern nicht ein anderer Wert festgestellt werden kann. Der nach § 52 Abs. 1 bis 5 ermittelte Wert kann unter Billigkeitserwägungen korrigiert werden (§ 52 Abs. 6 S. 3). Dabei bestimmt das Gesetz sogleich den Billigkeitsgrund: Der Geschäftswert ist niedriger anzunehmen, weil im Zeitpunkt des Geschäfts der Beginn des Rechts noch nicht feststeht oder das Recht in anderer Weise bedingt ist. Preisklauseln (Wertsicherungsklauseln) werden – an-	

Gebühren- und Geschäftswert-ABC (Stand: 21.5.2013)

Gebührentatbestand	Geschäftswert	Gebührensatz
	ders als noch in der KostO – nicht berücksichtigt (§ 52 Abs. 7).	
Wohnungs- und Teileigentum		
– Begründung durch Vertrag gem. § 3 WEG	Wert des bebauten Grundstücks (§ 42 Abs. 1 S. 1). Ist das Grundstück noch nicht bebaut, ist dem Grundstückswert der Wert des zu errichtenden Bauwerks hinzuzurechnen (§ 42 Abs. 1 S. 2). Die wechselseitige Einräumung von Vorkaufsrechten ist ein verschiedener Beurkundungsgegenstand nach § 86 Abs. 2.	2,0 Gebühr, mind. 120 EUR (Nr. 21100 KV).
– Begründung durch Teilungserklärung nach § 8 WEG	Wie vor	1,0 Gebühr, mind. 60 EUR (Nr. 21200 KV), jedenfalls wenn zugleich Gemeinschaftsordnung mit erklärt; reine dingliche Aufteilung ohne Gemeinschaftsordnung löst lediglich 0,5 Gebühr, mind. 30 EUR, nach Nr. 21201 Nr. 4 aus.
– Einholung der Abgeschlossenheitsbescheinigung	Wert des Beurkundungsverfahren (§ 112 S. 1)	0,5 Vollzugsgebühr nach Nr. 22110 KV bei vertraglicher Begründung; 0,3 Vollzugsgebühr nach Nr. 22111 KV bei einseitiger Begründung mit oder ohne Gemeinschaftsordnung. In allen Fällen beträgt die Gebühr höchstens 50 EUR (Nr. 22112 KV i.V.m. Vorbem. 2.2.1.1 Abs. 1 S. 2 Nr. 1 KV).
– Veräußerung von Wohnungs- oder Teileigentum	Kaufpreis bzw. Wert des Wohnungs- oder Teileigentums (§§ 47, 46). Bei der Ermittlung des Geschäftswertes ist das Wohngeld nicht zu berücksichtigen.	2,0 Gebühr, mind. 120 EUR (Nr. 21100 KV).
– Verwalterbestellung: Siehe bei Verwalter		
– Verwalterzustimmung nach § 12 WEG (gesondert): Siehe bei Verwalter		Wird Verwalterzustimmung im Veräußerungsvertrag erklärt, fällt hierfür keine gesonderte Gebühr an, weil sie zum Veräußerungsvertrag derselben Beurkundungsgegenstand ist (§ 109 Abs. 1 S. 1–3)
Zustimmung: siehe Genehmigung		

ARBEITSHILFEN
NOTARIAT

NEU! Notargebühren von A–Z
2. Auflage

Notargebühren von A–Z
Von André Elsing
2. Auflage 2013
ca. 310 Seiten, broschiert
ca. 39,00 €
ISBN 978-3-940645-57-9
Erscheint Juli 2013

Notargebühren von A–Z

Ab dem Tage des Inkrafttretens des neuen Gerichts- und Notarkostengesetzes müssen die grundlegend **neu konzipierten Notargebühren** von Ihnen und Ihren Mitarbeitern bereits angewendet werden.

André Elsing macht es Ihnen mit der Neuauflage seines Werks „Notargebühren von A–Z" ganz leicht.

Mit dem Buch profitieren Sie von diesen Vorteilen:

1. Sicher die geregelten Gebühren abrechnen, keine Gebühren verschenken
2. Die praxisnahe Sortierung von A–Z
3. Hinweise auf sich andeutende Stolperfallen
4. Muster und Beispiele für Kostenberechnungen

Wachsbleiche 7
53111 Bonn
www.notarverlag.de

DeutscherNotarVerlag

NOTARPRAXIS

Praxishandbuch Notarkosten
Einstieg in das neue GNotKG
Von Harald Wudy
1. Auflage 2013
ca. 350 Seiten, gebunden
ca. 59,00 €
ISBN 978-3-940645-54-8
Notarverlag-Titelnr.: 80482-35
Erscheint August 2013

Das neue GNotKG kommt!

Durch das neue GNotKG werden die Notargebühren grundlegend reformiert und erhalten eine komplett neue Systematik gegenüber der bisherigen Kostenordnung. Das heißt für Sie, dass Sie sich nun mit den gravierenden Änderungen befassen müssen.

Das „Praxishandbuch Notarkosten" von Harald Wudy bietet Ihnen rechtzeitig zum Start der Reform eine **systematische und** vor allem **lückenlose Darstellung des neuen Rechts**.

Den hohen Nutzen für Ihre Abrechnungspraxis gewährleistet der Autor außerdem durch **zahlreiche Beispielsrechnungen, Beispielsfälle und Formulierungsbeispiele**.

Fazit: Vertrauen Sie beim neuen Kostenrecht auf das Expertenwissen von Harald Wudy. So sind Sie umfassend und kompetent auf das neue GNotKG vorbereitet.

Bestellungen bitte an:
service@notarverlag.de
Tel.:   08 00 - 6 68 27 83 - 0
Fax: 0800 - 6 68 27 83 -.5

Wachsbleiche 7
53111 Bonn
www.notarverlag.de

DeutscherNotarVerlag